TEATRO DE ÁLVARES DE AZEVEDO

Álvares de Azevedo, com autógrafo. Desenho de Luís Aleixo Boulanger.

TEATRO DE ÁLVARES DE AZEVEDO

MACÁRIO/NOITE NA TAVERNA

Estudo introdutório
ANTONIO CANDIDO

Martins Fontes
São Paulo 2002

1ª edição
outubro de 2002

Acompanhamento editorial
Luzia Aparecida dos Santos
Revisão gráfica
Marise Simões Leal
Sandra Garcia Cortes
Adriana Cristina Bairrada
Produção gráfica
Geraldo Alves
Paginação/Fotolitos
Studio 3 Desenvolvimento Editorial
Projeto gráfico
Renata Miyabe Ueda
Capa
Katia Harumi Terasaka

Dados Internacionais de Catalogação na Publicação (CIP)
(Câmara Brasileira do Livro, SP, Brasil)

Azevedo, Álvares de, 1831-1852.
Teatro de Álvares de Azevedo : Macário ; Noite na taverna / estudo introdutório Antonio Candido. – São Paulo : Martins Fontes, 2002. – (Coleção dramaturgos do Brasil)

Bibliografia
ISBN 85-336-1575-2

1. Azevedo, Álvares de, 1831-1852 – Crítica e interpretação 2. Teatro brasileiro 3. Teatro brasileiro – História e crítica I. Candido, Antonio. II. Título. III. Título: Macário. IV. Título: Noite na taverna. V. Série.

02-5306 CDD-869.92

Índices para catálogo sistemático:
1. Peças teatrais : Literatura brasileira 869.92
2. Teatro : Literatura brasileira 869.92

Livraria Martins Fontes Editora Ltda.
Rua Conselheiro Ramalho, 330/340 01325-000 São Paulo SP Brasil
Tel. (11) 3241.3677 Fax (11) 3105.6867
e-mail: info@martinsfontes.com.br http://www.martinsfontes.com.br

Coleção DRAMATURGOS DO BRASIL

Vol. I – Álvares de Azevedo

Com o presente volume, a Editora Martins Fontes inaugura uma nova coleção, cuja finalidade é colocar ao alcance do leitor a produção dramática dos principais escritores e dramaturgos brasileiros. Inicialmente, serão publicadas as obras de autores do passado, alguns já consagrados em nossa historiografia teatral, outros à espera de uma (re)avaliação que lhes traga o mesmo reconhecimento. Há uma certa urgência em tornar acessíveis aos estudantes dos cursos de Teatro e de Letras, bem como a todos que se interessem pelo teatro brasileiro, a obra dramática de Álvares de Azevedo, Gonçalves Dias, Gonçalves de Magalhães, Martins Pena, Joaquim Manuel de Macedo, José de Alencar, Castro Alves, Machado de Assis, Franklin Távora, Aluísio Azevedo e Emílio Rouède, França Júnior, Artur Azevedo e João do Rio, para citar os autores já programados, alguns desaparecidos das livrarias há muito tempo.

Com essa iniciativa, a Editora Martins Fontes amplia sua importância no mercado editorial brasileiro, geralmente avesso à publicação de peças teatrais, e presta um relevante serviço à nossa cultura, preservando e difundindo uma parte da sua história que não é menos digna de apreço do que as outras.

Assim como este primeiro volume, os seguintes terão como base as edições reconhecidas como melhores pelos especialistas no assunto e serão organizados com a colaboração de professores e pesquisadores no campo da literatura e da dramaturgia brasileiras.

Antonio Candido, que assina o estudo introdutório sobre Álvares de Azevedo, dispensa apresentações. Professor aposentado de Teoria Literária e Literatura Comparada da Universidade de São Paulo, é autor de vários livros, entre os quais o clássico *Formação da Literatura Brasileira*. Faço questão de expressar-lhe o meu mais profundo agradecimento por ter aceito o convite para prestigiar o lançamento desta coleção dedicada aos dramaturgos do Brasil.

João Roberto Faria

Coordenador da coleção, João Roberto Faria é Doutor em Letras e Livre-Docente pela Universidade de São Paulo, onde é professor de Literatura Brasileira no Departamento de Letras Clássicas e Vernáculas da Faculdade de Filosofia, Letras e Ciências Humanas.

ÍNDICE

INTRODUÇÃO

A EDUCAÇÃO PELA NOITE

Antonio Candido

Come, thick night
And pall thee in the dunnest smoke of hell.
SHAKESPEARE, *Macbeth*.

1

O teatro e a narrativa em prosa de Álvares de Azevedo constam do *Macário*, da *Noite na taverna* e do que restou (ou do que conhecemos) d'*O livro de Fra Gondicário*. Mas é preciso lembrar que escreveu em verso o *sketch* "Boêmios" (definido por ele em subtítulo como "ato de uma comédia não escrita") e os contos ou novelas metrificadas: *O poema do frade*, *O Conde Lopo*, "Um cadáver de poeta".

Esta produção toda se apóia em estudos críticos, onde ele exprimiu a sua concepção de literatura com uma consciência teórica que o destaca entre os nossos poetas românticos. De tais estudos interessariam, para a análise dos escritos dramáticos e narrativos, os prólogos do *Macário* e d'*O Conde Lopo*, os ensaios *George Sand*, *Jacques Rolla* e "Carta sobre a atualidade do teatro entre nós". Mas a essência do seu melhor pensamento crítico talvez esteja no prefácio à segunda parte da *Lira dos vinte anos*, cuja base é o que ele chamava "binomia", isto é, a coexistência e choque dos contrários, um dos pressupostos da estética romântica.

Esta teoria justifica o esforço para dar realce ao embate das desarmonias, superando o equilíbrio do "decoro" e as normas que regiam e procuravam tornar estanques os gêneros literários. É o que se vê nas obras que vou comentar e cujo temário repousa numa psicologia tempestuosa, enquanto a organização formal mistura (para usar conceitos dele) o "horrível" ao "sublime" e ao "belo doce e meigo". A conseqüência foi que a corda esticou a ponto de rebentar nos escritos de nível inferior, onde o desejo de modular todos os sentimentos costeou o caos psicológico, enquanto o desejo de desrespeitar as normas estéticas tradicionais levou à desorganização do texto. Sob este aspecto, tais escritos inferiores são interessantes para se verificar, pelos casos extremos, certas características da sua escrita.

Mas é preciso sempre lembrar que as obras de Álvares de Azevedo foram publicadas depois da sua morte, sem que ele tivesse podido organizá-las nem dizer o que considerava acabado, o que era rascunho e o que não era para publicar.

Daí a pergunta: esse monte de prosa e verso é tão irregular porque não foi devidamente selecionado e polido, ou porque o Autor queria que fosse assim mesmo, para sugerir a inspiração desamarrada, em obediência a uma estética atraída pelo espontâneo e o fragmentário? É difícil dizer, mas as duas coisas devem estar combinadas.

2

O *Macário* é um drama fascinante, feito mais para a leitura do que para a representação, com duas partes diferentes enquanto estrutura e qualidade, sendo a primeira melhor e uma das mais altas realizações de Álvares de Azevedo.

A ação desta primeira parte decorre toda à noite, salvo a breve cena final, e é organizada em cinco cenas (embora o Autor só especifique quatro) vivas e bem construídas, distribuindo em réplicas curtas, não raro humorísticas, um debate moral e psicológico muito denso, desenvolvido com excelente articulação.

Bastante regular, o esquema se baseia num jogo alternativo de cenas interiores e exteriores que fecha a ação num anel, depois de ter propiciado o amadurecimento dos problemas:

1ª cena (interior)	2ª cena (exterior)	3ª cena (interior)
quarto da estalagem	caminho da cidade	sala na casa de Satã

4ª cena (exterior)	5ª cena (interior)
cemitério	quarto da estalagem

Na cena inicial o jovem Macário, viajando para uma cidade onde vai estudar, encontra na estalagem certo desconhecido, nada menos que Satã, com quem discute sobre o amor, obsedado pelo contraste entre pureza e impureza, entre a aspiração a relações idealizadas e a realidade decepcionante – problema dramático para o adolescente daquele tempo. A sua tônica é um cinismo que mal encobre o desespero e vai se chocar no cinismo autêntico de Satã, podendo este, assim, ser considerado o limite a que tende a sua personalidade.

Na cena seguinte ambos estão a caminho de São Paulo, cujo nome não se diz e o demônio descreve de maneira admirável, cheia de sarcasmo, desencanto e poesia. O debate é retomado numa escala mais tensa, porque agora tem como quadro de referência a realidade paulistana, graças à qual o amor é reduzido à dimensão degradante do meretrício, ligado à doença e ao tédio. Isto prepara os temas da terceira cena, em casa de Satã, já na cidade. O amor aparece como ilusão frágil tocada pela morte, que de certo modo se concretiza na cena seguinte, não indicada como tal, mas destacando-se nitidamente da outra. Ela tem lugar no cemitério vizinho, aonde Satã leva Macário. Deitado em cima de um túmulo, este tem um sonho opressivo e complicado, no qual figura certa mulher, que toma nos braços os cadáveres de homens rejeitados pelo rio próximo – "torrente", conforme a marcação. Acordando, o rapaz ouve um lamento angustiado, que segundo Satã é o suspiro de sua mãe moribunda, transformado numa espécie de gemido noturno da Natureza. Talvez seja também signo de remorso e redenção, pois em nome da mãe ele esconjura o demônio, que antes de desaparecer lhe ensina a maneira de chamá-lo.

Na última e breve cena Macário está de novo na estalagem, acordando, no dia seguinte, de um longo sono. Fica então na dúvida se tudo foi ou não pesadelo, inclusive porque a hospedeira não confirma as ocorrências da véspera nem a presença de outra pessoa. No entanto, ambos vêem no assoalho marcas chamuscadas de um pé de cabra, sugerindo a passagem do demônio.

Assim, a ponta do fim engata na do começo, fechando o círculo como os dois únicos momentos de realidade indiscutível. O espaço inscrito é marcado por uma dubiedade de significado que talvez indique a estrutura profunda do drama, construído sobre a reversibilidade entre sonhado e real, vacilante terreno onde, quando pensamos estar num, estamos no outro.

Um elemento importante desta primeira parte é o que se poderia chamar de "a invenção literária da cidade de São Paulo", que Álvares de Azevedo instaurou como espaço ficcional. Com isto deu corpo a um processo em curso entre os moços estudantes, enclausurados num lugar sem interesse, onde a sua energia transbordava tanto na boemia e na rebeldia estética quanto na imitação de Byron. O noturno aveludado e acre do *Macário* suscitou a noite paulistana como tema, caracterizado pelo mistério, o vício, a sedução do marginal, a inquietude e todos os abismos da personalidade. Tema que fascinou gerações numa dimensão quase mitológica, repontando em muitos poemas de Mário de Andrade e, nos nossos dias, em sambas de Adoniran Barbosa e Paulo Vanzolini, filmes de Walter Hugo Khoury, quadros de Gregório Correia, contos de João Antônio.

A segunda parte do *Macário* pode ser chamada de "o momento de Penseroso" (novo personagem, de cunho angélico em oposição ao demônio) e é inferior sob todos os pontos de vista, a começar pela composição desarticulada em dez cenas sem nexo, duas das quais desprovidas da indicação de lugar.

O início é tão desligado, tão alheio ao resto, que chegamos a pensar ter o Autor querido incluí-lo artificialmente como sobra da primeira parte, a fim de assinalar a continuidade do mesmo universo fantasmagórico. É noite, e Macário anda ao longo de "um rio torrentoso" – diz a marcação –, em cuja margem uma mulher embala desvairada o cadáver do filho que se afogara. Seria "citação" do sonho da primeira parte, onde a mulher abraçava os cadáveres emersos? A impressão é de que Macário se encontra no desdobramento daquele sonho, embora puxe a situação para a realidade ao atribuir à loucura as palavras tresvariadas da mulher. Mas, quando a seguir encontra Penseroso na mesma paisagem, ficamos em dúvida e fortalecidos na impressão de que o trecho é uma espécie de friso onírico, destinado a manter a tonalidade dúbia da primeira parte.

Nesta segunda predominam dois temas, ambos tratados de maneira antinômica: o amor sentimental e puro, encarnado em Penseroso, que acaba se matando, depois de muito debater com um Macário antagônico mas amistoso, entre cínico e lírico; e uma discussão sobre literatura, de grande interesse crítico, mas agravando o cunho pouco teatral desta parte, pois o seu momento mais importante é um debate teórico mais ou menos desligado do jogo dramático.

A propósito de um poeta (sem dúvida, e apesar da falta de indicação expressa, o próprio Álvares de Azevedo da segunda parte da *Lira dos vinte anos*, como observou mais de um crítico), Penseroso defende o sentimentalismo, o pitoresco, o otimismo social, enquanto Macário opõe a legitimidade da ironia e do ceticismo, combatendo com desencanto sarcástico as posições nacionalistas.

Quanto a este último aspecto, lembremos que Álvares de Azevedo foi antinacionalista decidido em matéria de literatura. Segundo ele, a nossa fazia parte da portuguesa e não havia sentido nem vantagem em proclamar a sua identidade específica – atitude destoante do esforço central da crítica do tempo, constituindo um paradoxo que deve ter sido difícil e quase heróico sustentar.

Além disso podemos considerar simbólica a dualidade dos lugares: primeira parte em São Paulo; segunda, numa Itália indefinida, mas correspondendo às raízes européias, que muitos românticos desejariam superar ou mesmo negar (da boca para fora), numa auto-ilusão que teve o seu papel no processo do nosso crescimento espiritual. Na obra de Álvares de Azevedo a dimensão cosmopolita é um pressuposto aceito e conscientemente incorporado como algo legítimo e necessário.

Penseroso, puro, sonhador, morre simbolicamente, e Macário, depois de um momento de revolta, acamarada-se de novo com Satã, que é o anti-Penseroso, enquanto o próprio Macário é a frágil síntese de ambos, encarnando a suprema "binomia" do bem em face do mal, das forças que arrastam para os impulsos "inferiores" e das que resistem a elas.

É interessante que Álvares de Azevedo faça um desdobramento da clássica dupla Homem/Diabo, tão em voga no Romantismo, principalmente sob o avatar mais famoso de Fausto/Mefistófeles – pois aqui Penseroso, Satã e Macário podem ser vistos respectivamente como Homem Angélico, Homem Diabólico e Homem Homem. E é digno de nota que, assim como o Homem Angélico inexiste na primeira parte, nesta o Homem Diabólico só perpassa, voltando à cena no fim (e aí de maneira decisiva para reorientar a ação), quando o antagonista potencial morre, e Macário cai de novo sob a sua influência. Esta é bastante complexa e abrange um toque de homoerotismo, sugerido numa fala de Satã carregando o amigo desfalecido:

> E como é belo descorado assim! com seus cabelos castanhos em desordem, seus olhos entreabertos e úmidos, e seus lábios feminis! Se eu não fosse Satã, eu te amaria, mancebo...

Talvez se trate dum homoerotismo de tipo socrático, segundo o qual Satã se dedica a formar à sua maneira o pupilo adolescente. Seja como for, morto Penseroso ele parece decidido a ir mais longe na instrução de Macário e o leva a uma orgia. Não para *participar*, mas para *ver*. E o drama acaba de repente, no meio de uma fala; ou, por outra, não acaba.

Isso permite considerar *Noite na taverna* como seqüência intencional do *Macário*, cujas linhas finais são as seguintes (sendo notório o tom pedagógico de Satã):

> Satã – Paremos aqui. Espia nessa janela.
>
> Macário – Eu vejo-os. É uma sala fumacenta. À roda da mesa estão sentados cinco homens ébrios. Os mais revolvem-se no chão. Dormem ali mulheres desgrenhadas, umas lívidas, outras vermelhas... Que noite!
>
> Satã – Que vida! não é assim? Pois bem, escuta, Macário. Há homens para quem essa vida é mais suave que a outra. O vinho é como o ópio, é o Letes do esquecimento... A embriaguez é como a morte...
>
> Macário – Cala-te. Ouçamos.

Ouçamos o quê? pensa o leitor. É claro que não se trata de um fim, e o drama pode ter sido suspenso deliberadamente para dar lugar ao seu seguimento, isto é, ao que Macário vai ver pela janela. Ora, o cenário de *Noite na taverna* é uma orgia onde estão *cinco homens numa mesa e outros deitados bêbados no chão, dormindo de envolta com mulheres.* E o seu começo é uma fala, isto é, algo que *se ouve*, correspondendo ao imperativo da deixa final de Macário ("Cala-te. Ouçamos."):

> – Silêncio! moços! acabai com essas cantilenas horríveis! Não vedes que as mulheres dormem ébrias, macilentas como defuntos?

Satã com certeza quer iniciar Macário nos aspectos mais convulsos e extremos da vida, satisfazendo como se fosse um *alterego* a curiosidade dos seus impulsos. Para isso Álvares de Azevedo pode ter querido efetuar, com raro malabarismo, uma substituição de gêneros e personagens, passando do drama à narrativa, que dispõe de recursos mais amplos para especificar e multiplicar no tempo e no espaço os exemplos do que há de desvairado na alma e no comportamento, sem falar no verdadeiro desvario estético de levar ao máximo a ruptura com a teoria dos gêneros, pois aqui eles estariam não apenas misturados, mas acoplados numa mesma empresa. E esta narrativa seria a que os personagens do drama ouvem pela janela.

> É difícil marcar o lugar onde pára o homem e começa o animal, onde cessa a alma e começa o instinto – onde a paixão se torna ferocidade. É

difícil marcar onde deve parar o galope do sangue nas artérias, e a violência da dor no crânio.
(Prólogo do *Macário*)

Noite na taverna é uma pesquisa dessas fronteiras dúbias, e a sua matéria parece concebida e escolhida por Satã como episódio duma espécie de anti-*Bildungsroman*, que ele propusesse para a formação (às avessas) do seu pupilo.

Para este, morto Penseroso, isto é, perdida a possibilidade de pureza e ideal, resta essa via feroz onde o homem procura conhecer o segredo da sua humanidade por meio da desmedida, na escala de um comportamento que nega todas as normas. Aqui não se trata mais de análise, como no *Macário*, mas de fatos, acontecimentos e sentimentos levados ao máximo de tensão moral, até a fronteira da crueldade, da perversão e do crime, que testam as nossas possibilidades diabólicas. Por isso, podemos dizer que esta novela é o momento de Satã, como a segunda parte do *Macário* é o momento de Penseroso.

Lembrando que o *Macário* começa pela viagem de um moço a caminho da escola, dir-se-ia que a etapa final dos seus estudos é a terrível lição pelo exemplo dos narradores de *Noite na taverna*. O estudante entrou na noite paulistana, passou pela da Itália e acabou nesse espaço igualmente noturno, indeterminado, sangrento, onde o demônio sugere a violação dos parâmetros por meio das vidas desenfreadas dos narradores, que ele mostra (dentro dos seus hábitos) através de uma espécie de bola de cristal: a janela que termina o drama e inicia a novela. A menos que esteja mergulhando Macário num pesadelo, conforme a estrutura onírica já assinalada.

Por essas razões, penso que, de fato, as duas obras foram deliberadamente vinculadas por Álvares de Azevedo, formando uma grande modulação ficcional que passa do drama à novela negra, numa ousada experimentação que amplia o ponto de vista romântico da mistura dos gêneros. Mas é obviamente impossível saber como isso se deu no processo de elaboração, sendo que, por exemplo, a novela pode ter sido escrita antes do drama, e que durante a redação deste o autor tenha tido a idéia da articulação. A única certeza é que a fala final do drama é uma deixa, que engata perfeitamente na novela.

Passando a esta, lembremos que é formada por uma solda de histórias, o que a inclui no tipo de narrativa que se poderia chamar *difuso*, em contraste com o que se poderia chamar *concentrado*.

No prefácio a *The Fortunes of Nigel* (1822), Walter Scott propõe uma tipologia, reconhecendo duas modalidades fundamentais de romance. Primeiro, o de linha coerente, com nexo causal entre os acontecimentos e atos, de modo a fazer da narrativa um todo necessariamente articulado. Conforme ele, é o tipo proposto e praticado por Fielding, no *Tom Jones*, que se tornou uma das matrizes do romance moderno. O segundo tipo, praticado por escritores como Le

Sage e Smolett, e, segundo Scott, por ele próprio na sua geração, é aquele onde os acontecimentos vão saindo caprichosamente uns dos outros ao sabor das associações e dos pretextos, sem haver uma diretriz que os concatene e dê a impressão de que são necessários[1].

Noite na taverna pertence a uma modalidade do último tipo, com os seus cinco episódios independentes narrados por cinco figurantes da orgia que, segundo a hipótese apresentada, são os que Satã mostra a Macário pela janela. A unidade é devida ao local e às intervenções dos figurantes, que formam uma rede entre as narrativas. Mas além disso elas se ligam por certa comunidade de atmosfera, que as torna aspectos de uma linha ideal de assombramento e catástrofe. Estamos sem dúvida ante um produto do romance negro, mais particularmente da modalidade que os franceses chamam de "frenético". Narrativa frenética é de fato esta que Satã desvenda a Macário como uma espécie de experiência-limite, marcada pelo incesto, a necrofilia, o fratricídio, o canibalismo, a traição, o assassínio – cuja função para os românticos era mostrar os abismos virtuais e as desarmonias da nossa natureza, assim como a fragilidade das convenções. Associados a isto a modo de correlativo estão a noite, a tempestade, o raio, o naufrágio, o tufão –,

---

1. SCOTT, Sir Walter. Introductory Epistle. In: ——. *The Fortunes of Nigel.* Boston, De Wolfe, Fiske & Co. s.d. p. XIII.

constituindo o arsenal daquele "belo sublime" que podia costear o "horrível", como indicam algumas páginas críticas de Álvares de Azevedo.

Os cinco homens que Macário avista pela janela são Johann, Bertram, Archibald, Solfieri e Arnold. Este, muito bêbado, não chega a falar por enquanto e, balbuciando uma cantiga, vai logo misturar-se aos que estão deitados no chão, dois dos quais (depreende-se) virão depois à mesa: Gennaro e Claudius Hermann. Os narradores são, na ordem: Solfieri, Bertram, Gennaro, Claudius Hermann e Johann. Terminada a narrativa deste, a última, estão todos embriagados no assoalho quando entra Giorgia, que mata Johann adormecido e acorda Arnold para reconhecê-lo. Assim o presente completa o passado da narrativa de Johann, que pensava ter morto em duelo Artur (mas este não morreu e vem a ser Arnold), cuja amada fora em seguida possuir, aproveitando-se do escuro como se fosse o outro. Na saída um vulto o esperava: o irmão dela, que tinha vindo matar o suposto Artur. Eles lutam e Johann, levando a melhor, verifica ter matado o próprio irmão, o que significa que violara a irmã. Esta é Giorgia, agora prostituta, que vem cinco anos depois realizar a vingança. Em seguida morre nos braços do antigo amado e este se apunhala.

Se estruturalmente o *Macário* e *Noite na taverna* estão ligados, no que toca aos significados profundos haveria nesta ligação uma pedagogia satânica visando a desenvolver o lado escuro do homem, que tanto fascinou o Romantismo e tem por correlativo manifesto a noite, cuja presença envolve as duas obras e tantas outras de Álvares de Azevedo como ambiente e signo. E estou me referindo não apenas às horas noturnas como fato externo, lugar da ação, mas à noite como fato interior, equivalendo a um modo de ser lutuoso ou melancólico e à explosão dos fantasmas brotados na treva da alma. A minha análise implica o desdobramento do ser, segundo o qual os "outros" de Macário são Penseroso e Satã, sendo que este lhe propõe, em oposição ao exemplo do primeiro, uma espécie de educação pela noite – expressão usada por causa da "educação pela pedra", de João Cabral de Melo Neto. Este, partindo das conotações de secura, aridez, linha nítida, visa a promover no ofício do poeta as normas de concisão e máxima lucidez. A "educação pela noite", que estou imaginando, partiria das conotações de mistério e treva, para chegar a um discurso aproximativo ou mesmo dilacerado, como convém ao derrame sentimental unido à liberação das potências recalcadas no inconsciente.

3

Isto dito, podemos considerar o *Macário* e *Noite na taverna* dois modelos básicos da imaginação dramática e narrativa de Álvares de Azevedo. O primeiro, ilustrando uma certa visão da alma; o segundo, ilustrando uma certa visão do mundo – e ambos formando a representação do destino como fatalidade inexorável, a *Anankê* posta em voga pelo romance *Nossa Senhora de Paris*, de Victor Hugo, e mencionada mais de uma vez por Álvares de Azevedo. Noutros escritos podemos encontrar manifestações de ambos estes modelos em combinação variada, como no fragmento que conhecemos do romance *O livro de Fra Gondicário*.

Conforme indicação do manuscrito, trata-se da terceira parte, intitulada "Lábios e sangue". Mas parece mais um início de livro, com prólogo em verso, invocação e autonomia fabulativa que o torna bastante a si mesmo. Daí a pergunta: estaríamos aqui também ante um romance feito pela justaposição de episódios, ao modo de *Noite na taverna*? Só que, ao contrário deste, cuja linha narrativa é nítida em cada episódio, ele se aproxima como estrutura dos contos metrificados de Álvares de Azevedo, nos quais a extrema prolixidade e o abuso da digressão bifurcam o fio da história a cada instante até confundi-lo, restando no espírito do leitor uma lembrança de cenas, descrições, tiradas declamatórias e figurantes melodramáticos, tudo mais ou menos desligado.

"Lábios e sangue" se passa em Veneza e é um verdadeiro compêndio dos lugares-comuns do Romantismo exaltado, com um enredo retorcido e elementar, baralhado pelo paroxismo das descrições, retrospectos, declamações, invocações. Trata-se em essência do seguinte (se leio bem): é noite, o servidor Ali guarda o palácio do Conde Tancredo, onde chega de gôndola a esperada e linda Elisah. Dali a pouco, debaixo de chuva, chega e entra (inesperada) outra moça, Belvidera, nome da protagonista de uma tragédia famosa do século XVII, a *Venice Preserved*, de Otway, com a qual o romance de Álvares de Azevedo não possui todavia qualquer outro ponto de contato. Isto, mais a invocação a Veneza, bonita no gênero, ocupa quatro capítulos.

Numa sala luxuosa do palácio, Elisah ouve a fala apaixonada de Tancredo, e fica sugerido que vão se amar noutro aposento. A cena seguinte é em torno dos restos de uma ceia, mas agora a moça está vestida de homem, num disfarce pouco explicável que talvez seja reminiscência de George Sand. Surge então Belvidera e sai com Tancredo para outro lugar. Ela recorda como ele a seduzira e raptara da casa de seu pai, pescador na Sicília, abandonando-a depois. Revela então que o pai morrera de desgosto e ela se tornara cortesã. Mas o belo Tancredo ouve-a e despede-a com fastio, não antes de ela tentar matá-lo. Na sala vizinha, Elisah dá um grito e cai ou porque ouviu tudo e ficou abalada, ou porque, segundo veremos, recebeu uma punhalada mortal, registrada antes do tempo. Até aqui, mais quatro capítulos.

Então voltamos ao exterior do palácio, onde está o judeu Jedediah, ao qual se junta outro, Issacaar. Depreende-se, da narração confusa, que Tancredo teria seduzido Elisah, filha deste, amada por aquele, e ambos disputam o direito à vingança, que acabará repartida. Nessa altura

Belvidera surge e impede que Ali fascinado por ela cumpra o seu dever de guarda e ataque os dois homens de aspecto suspeito; deste modo ela facilita o atentado contra Tancredo e (parece) justifica-se narrando ao mouro como foi seduzida pelo seu amo. Jedediah se desvencilha de Issacaar e entra no palácio, onde consegue ferir o conde, que todavia o mata; mas antes de morrer ele conta que havia assassinado Elisah, cujo cadáver mostra. (Repito: se o grito mencionado acima corresponde a este ato, ela o terá soltado algumas páginas antes da hora.) Tancredo sai, luta com Issacaar, que o mata e se atira no canal, ferido mas triunfante. O fragmento termina com a seguinte fala, certamente de Belvidera, que assim ficou também vingada:

– É ele – morto – disse uma voz.

Como ficou dito, o fluxo verbal e a frouxidão da estrutura aproximam este romance dos contos metrificados, onde tais características são levadas ao máximo. N'*O poema do frade*, por exemplo, é preciso um grande esforço para saber do que se trata. Os versos puxam os versos, as digressões suscitam as digressões, perpassam donzelas, cenas mais ou menos confusas se sucedem, o narrador faz reflexões, medita com extraordinária prolixidade sobre a vida, o amor e a morte – e tudo se esfuma na massa informe dos versos, alguns dos quais bonitos. Já o fragmento dramático "Boêmios" e o conto metrificado "Um cadáver de poeta", ambos relativamente curtos, são claros, apesar de também se basearem no jogo fugidio das digressões, segundo o cacoete romântico de assunto-puxa-assunto, que faz dos romances de Victor Hugo, por exemplo, monumentos de alarmante tagarelice. Portanto, essas tendências não são apenas traço pessoal, mas também estilo de época e, mais restritamente, resultado da influência de certos modelos, sobretudo Byron e Musset. Só que em Byron a prolixidade digressiva mais parece capricho de narrador displicente do que incapacidade de organizar.

4

A propósito, convém fazer algumas observações finais sobre a estética das obras narrativas e dramáticas de Álvares de Azevedo, na medida em que são manifestações do Romantismo.

Esquematizando um pouco podemos dizer que o clássico tende ao resumo, porque o resumo mostra o essencial e com isto caminha para o abstrato. Atrás de cada particularidade dissolvida vai surgindo o geral, pois a abstração é uma superação do particular. Mas o romântico deseja, ao contrário, o particular, que na sua singularidade contém o característico. Por isso ele tende ao concreto e se apega ao pormenor, sem prejuízo de encará-lo como sinal ou manifestação de uma generalidade ideal.

Assim, o gosto pelo concreto leva a diminuir a capacidade de escolha, porque tudo interessa e o espírito quer abranger a variedade das coisas. Na narrativa isto gera o amor ao detalhe, que é a própria manifestação do múltiplo. A inclinação romântica é sugerir a realidade por meio da multiplicação, não da subtração, como o clássico. É o que vemos em Walter Scott, em Balzac, em Dickens, em Alencar, para não falar nos espichadores de texto; e é o que vemos na narrativa romântica em verso, de Byron, de Musset, de Lamartine e seus imitadores brasileiros.

Ora, essa estética da multiplicação atenua o esforço de organizar a matéria, porque diminui o gosto pela seleção. Daí as estruturas vacilantes, com acúmulo de incidências, a-propósitos e digressões, resultando uma composição em arabesco, extremamente caprichosa, na qual o fio da meada é torcido até se perder.

É fácil verificar isto nos contos metrificados e em "Lágrimas e sangue", nos quais ocorre também verdadeiro delírio de caracterização, ou seja, a apresentação excessivamente minuciosa do personagem – técnica que às vezes parece substituto do desejo de desvendar a própria alma por meio de uma confidência vicária, projetada. Delírio de caracterização que, na sua prolixidade, sacrifica a ação, pois esta nunca chega a se configurar realmente. Mais do que em Byron ou Musset, em Álvares de Azevedo há uma fuga permanente do assunto, uma espécie de adiamento compulsivo que retira muitos dos seus escritos do âmbito da ficção em prosa ou verso, para reduzi-los a vastas meditações.

Acrescente-se a fuga do presente. O modo de ser dos seus personagens nada mais é do que uma conseqüência de experiências decisivas e arrasadoras do passado, fazendo a narrativa fugir para trás e assim devorar a ação presente, como ficou visto na breve indicação sobre o enredo de "Lábios e sangue" e como é quase paroxístico nos contos metrificados. Exceção é *Noite na taverna*, onde o passado predomina, mas como retrospecto corretamente aferido ao momento da narração.

Assim, na narrativa e no drama de Álvares de Azevedo houve uma espécie de acentuação de tendências características do Romantismo em geral, e dos seus modelos literários em particular. Incapaz na maioria das vezes de dominar a matéria, ele freqüentemente não consegue manter a seqüência nem articular logicamente os fios do enredo, de tal modo que no exemplo extremo d'*O poema do frade* e d'*O Conde Lopo* não se sabe se os personagens que falam agora são os que falaram antes; se as cenas descritas são episódios da mesma seqüência ou unidades independentes. Daí o seu ar de fragmento. No entanto, este não parece resultar de uma opção estética, como era freqüente entre os românticos, que costumavam usar a composição picada a fim de sugerir a sua concepção do incompleto, do inexprimível; e que os manifestavam no tateio estratégico do estilo, na elipse, no subentendido, produzindo uma descrição aproximativa, que procura preservar o mistério. Em Álvares de Azevedo a fragmentação mais parece abuso da liberdade romântica, desandando em obscuridade e confusão nas obras secundárias.

Mas chegando ao fim convém repetir o que ficou dito no começo: que a sua obra foi publicada por assim dizer à revelia, sem que ele pudesse dizer o que considerava pronto e o que era para jogar fora. Em conseqüência, só podemos ler o seu teatro e a sua ficção em prosa e verso como um conjunto de tentativas e fragmentos, dos quais se destacam a *Noite na taverna*, pela composição mais acabada, e o *Macário*, como surto de inspiração verdadeiramente criadora. Na primeira parte deste drama fascinador encontramos alguns dos momentos mais fortes do nosso Romantismo, vindo até nós com o dom de longa vida das obras realizadas.

CRONOLOGIA*

1831. Nasce no dia 12 de setembro, em São Paulo, na casa localizada na confluência da Rua Quintino Bocaiúva e Senador Feijó (residência de seu avô materno, o Desembargador Conselheiro Joaquim Ignácio Silveira da Mota), Manuel Antônio Álvares de Azevedo. Filho de Maria Luísa Carlota Silveira da Mota e de Ignácio Manuel Álvares de Azevedo, estudante que concluía em São Paulo a Faculdade de Direito iniciada em Coimbra (curso extinto por D. Miguel na altura) – Manuel Antônio é o segundo dos nove filhos deste casal, quase todos desaparecidos prematuramente. Maria Luísa, a irmã querida, é a mais velha, e morreria logo depois do nosso poeta.

1833. O pai, uma vez bacharelado, muda-se com a família para o Rio de Janeiro, onde vai se tornar Auditor de Guerra, Juiz de Direito (Ni-

* Reproduz-se aqui a cronologia feita por Maria Lúcia Dal Farra, para o volume *Lira dos vinte anos*, da Coleção "Poeta's do Brasil". (N. do E.)

terói, 1836), Chefe de Polícia da Corte (1844), Deputado Geral pela Província do Rio de Janeiro (em cinco legislaturas), dedicando-se à advocacia até a morte em 23 de dezembro de 1873. Sua esposa sobrevive-lhe, vindo a falecer apenas em 1895, com oitenta e três anos.

1835. O falecimento de Ignácio, o irmão mais novo, em 26 de junho, abala de tal forma o nosso poeta que, a partir de então, se verá assaltado por uma moléstia que há de minar a sua saúde, impedindo a continuidade da precoce educação intelectual a ele ministrada. Talvez esta enfermidade de origem psicológica explique, evitando o desprazer de outras hipóteses, a opinião que o seu professor de Niterói nutre a respeito do garoto na altura. Diante dos dotes mentais, aparentemente espantosos, de Honório Hermeto, primo e colega de Álvares de Azevedo – e filho do Marquês do Paraná –, o tal professor não hesita em considerar que o nosso poeta seja destituído de... inteligência!

1840. Matriculado no Colégio Stoll, o diretor se extasia, em contrapartida, ao vê-lo reunir a "maior inocência" à "mais vasta capacidade intelectual", e refere-se a ele como "*la plus belle espérance de mon collège*", convicto de que este brasileiro "*pourra se mesurer avec les prémières capacités européennes*". De fato, Manuel Antônio provoca viva admiração ao exprimir-se em francês ou em inglês, ao declamar história ou geografia, muito embora seja sempre o último dos alunos em ginástica.

1844. O Dr. Stoll abandona o Colégio; por outro lado, a precária saúde do garoto de doze anos exige que ele acompanhe, em agosto, o tio e futuro senador do Império, José Ignácio Silveira da Mota, que regressa a São Paulo, onde é professor da Faculdade de Direito, a fim de buscar melhores condições climáticas. Ao partir deixa inscrito no álbum da irmã Maria Luísa um poeminha em francês, o "Adieu". Em São Paulo continua a se esmerar nos estudos e regressa ao Rio no final do ano.

1845. Em 2 de junho matricula-se – já com treze anos de idade – no quinto ano do Colégio D. Pedro II, graças às aulas preparatórias que recebera do Barão de Planitz, a quem estima e a quem homenageará mais tarde no ensaio *Literatura e civilização em Portugal.* No ano seguinte, terá como professor a Gonçalves de Magalhães – o dos *Suspiros poéticos*, o iniciador do Romantismo brasileiro, o futuro Visconde de Araguaia – que lhe ensina Filosofia. Segundo informa Escragnolle Dória (*Jornal do Comércio*, 25/4/1914), no D. Pedro II Álvares de Azevedo teria experimentado, em vista da sua natural indisciplina e do seu pendor para o desenho caricato (que não perdoava sequer aos mestres), a cafua – e repare-se que, não sem maldade, se submeteria a debilidade da sua saúde a castigos tão rigorosos! Ali foram seus professores Joaquim Caetano (grego), Barão de Planitz (alemão, geografia, história), Bernardo José Fallette (latim), José Luís Alves (inglês), Francisco Maria Piquet (francês), Lino

Antônio Rabelo (matemáticas), Emílio Joaquim da Silva Maia (ciências naturais), Faria Pardal (música), Luz Pinto (desenho), Santiago Nunes Ribeiro (história moderna, retórica e poética), além de Paula Meneses, João Batista Calógeras e do Barão de Tautphoeus. Em 5 de dezembro de 1847, aos dezesseis anos de idade e com menção honrosa, obtém o grau de Bacharel em Letras.

1848. Parte, então, para São Paulo, matriculando-se em 1º de março de 1848 na Faculdade de Direito do Largo de São Francisco. Antes de viver em casa das tias, mora numa república na Chácara ou Casa dos Ingleses, na Rua da Glória ou do Cemitério, lugar que acolhera, anos antes, em 1845, a sede da *Sociedade Epicuréia.* Exatamente aquela cujo programa era viabilizar as fantasias literárias de Byron, rebatizando seus sócios segundo os nomes das personagens do poeta inglês, ao mesmo tempo em que buscava propiciar para eles a concretização dos delirantes respectivos atos. Nessa república Álvares de Azevedo teve como companheiros Aureliano Lessa e Bernardo Guimarães, que estavam no segundo ano, enquanto ele se encontrava no primeiro, e com os quais pretendeu publicar *As Três Liras.* José de Alencar cursava o terceiro ano e José Bonifácio ingressaria na Faculdade no ano seguinte, mas a amizade mais duradoura com que contou desde esta época foi a do primo Luís Antônio da Silva Nunes que, mais tarde, lhe editaria o póstumo *O Conde Lopo.*

A bizarria da Faculdade no tempo de Azevedo incluía certo anedotário, cujo alarde mais recente se devia às façanhas do acadêmico Baptista Caetano de Almeida Nogueira, colega do nosso poeta, que, ao ser reprovado em Direito Natural, chicoteara o lente, acabando por ser preso e riscado do corpo discente. O professorado contava com a figura pitoresca de Avelar Brotero, com o Padre Anacleto Coutinho, com a personalidade de Veiga Cabral, com Silveira da Mota, tio de Manuel Antônio, com Clemente Falcão.

No ano de 1848 é intensa a atividade intelectual de Álvares de Azevedo: além de dedicar-se seriamente aos estudos jurídicos, lê várias obras de grandes autores e escreve em prosa e em verso. Produz uma imitação do quinto ato do *Otelo*, de Shakespeare, uma tradução da *Pari-sina*, de Byron, *O Conde Lopo* e outros tantos poemas avulsos. O seu retrato da altura nos é dado por Bernardo Guimarães em *Rosaura, a enjeitada*: pequeno, de compleição delicada, moreno, rosto alegre e testa ampla. Voz fina e pouco volumosa, propiciando uma conversa agradável, num tom de brandura e suavidade, enquanto a viva imaginação sempre se ocupava do fantástico, comprazendo-se com coisas funéreas e sinistras.

1849. Em 11 de agosto de 1849 profere, na sessão acadêmica comemorativa do aniversário da criação dos cursos jurídicos no Brasil, um discurso (do qual se fez um folheto) sobre a missão das Academias, onde sublinha o seu papel literário. Nas férias de final de 1849 e início de 1850, escreve um romance de mais ou menos duzentas páginas, dois poemas, um de cinco e outro de oito cantos, faz uma análise de *Jacques Rolla*, de Musset, compõe estudos literários sobre poesia e civilização portuguesa, e um fragmento de um poema em linguagem antiga – segundo narra em carta a Luís Antônio da Silva Nunes.

1850. Cabe à sua turma a fundação da sociedade *Ensaio Filosófico de São Paulo*, em cuja inauguração, em 9 de maio de 1850, nosso poeta discursa, frisando a influência política das Academias. Tais idéias ganharão um reparo por parte do pai, ao qual o poeta responderá em carta de 3 de julho. O órgão difusor da sociedade é a *Revista Mensal do Ensaio Filosófico*, da qual Manuel Antônio é fundador.

Exatamente no dia do seu aniversário, em 12 de setembro de 1850, Álvares de Azevedo profere o discurso fúnebre ao amigo quintanista e suicida Feliciano Coelho Duarte.

1851. Neste outro ano e na mesma altura do seu aniversário, agora em 15 de setembro, o nosso poeta está de novo à beira do túmulo de outro quintanista amigo, João Baptista da Silva Pereira, na mesma triste missão de proferir o discurso necrológico. Uma superstição o envolve a partir de então: na parede do seu quarto registra as datas e os nomes dos amigos mortos, deixando inscrito o ano de 1852 e à frente uma linha pontilhada a aguardar, premonitoriamente, o nome do futuro morto. E, como se pudesse fugir a uma terrível fatalidade, não quererá regressar a São Paulo como quintanista, em 1852: planeja concluir o curso na Faculdade de Direito do Recife.

1852. Parte de férias para o Rio em dezembro de 1851 e, em fevereiro de 1852, já se encontra na fazenda do Barão de Itapacorá, em Itaboraí, seu parente, em companhia do primo Domingos Jacy Monteiro – o que lhe editará postumamente a *Lira dos vinte anos*. Em 10 de março sofre uma queda de cavalo e aparecem, pela primeira vez, os sintomas de uma tuberculose pulmonar. Ele é operado (sem clorofórmio) de um tumor na fossa ilíaca pelos doutores Bompani e Cesar Persiani, e experimenta alguma melhora nos quarenta dias seguintes. Nessa ocasião, Krümoltz pinta-lhe o retrato que se vê hoje na Biblioteca da Faculdade de Direito de São Paulo.

Em 25 de abril, em pleno domingo de Páscoa, na casa da então Rua do Infante, nº 1 (hoje Rua Dois de Dezembro), na cidade do Rio de Janeiro, confessa-se, recebe extrema-unção e falece às 17 horas. O atestado médico refere como *causa mortis* "enterite, com perfuração do intestino". No dia seguinte ao deste domingo da Ressurreição, é o enterro no Cemitério D. Pedro II, na Praia Vermelha (onde hoje se encontra o Instituto Benjamin Constant e o Hospício Nacional de Alienados), e Joaquim Manuel de Macedo lê, comovido, o "Se eu morresse amanhã", poema escrito dias antes, que a todos emociona pelo grau de sensibilidade e de premonição do poeta de quem se despediam.

Em 23 de maio, faz-se, na sociedade *Ensaio Filosófico de São Paulo*, uma sessão a Álvares de Azevedo, a primeira de uma série de homenagens ao seu talento.

1853. Publicado o primeiro volume das *Obras de Álvares de Azevedo* (Rio de Janeiro, Tipografia Americana, 1853, edição organizada por Domingos Jacy Monteiro), contendo a *Lira dos vinte anos*, Primeira e Segunda Partes, *Poesias diversas, O poema do frade*. O segundo volume das *Obras* (Rio de Janeiro, Laemmert, também sob responsabilidade de Jacy Monteiro), incluindo, além de *Pedro Ivo*, também *Macário* e *Noite na taverna*, sairia em 1855, e ambos se esgotariam rapidamente, obtendo uma enorme repercussão por todo o país.

1861. A Casa Garnier adquire os direitos de propriedade dessas obras, publicando-as, a partir de 1862 até 1900, da segunda à sétima edição, em três volumes, e pagando pelos direitos autorais a quantia de cinco contos de réis, montante que o Dr. Ignácio Manuel usará para erguer um mausoléu à memória do filho no Cemitério S. João Baptista, uma vez que o Cemitério D. Pedro II fora extinto em 30 de agosto de 1854, e que para lá haviam sido transferidos os restos mortais de Álvares de Azevedo.

1873. Publicação da Terceira Parte da *Lira dos vinte anos* e dos respectivos "Prefácios" da Primeira e da Segunda Partes na quarta edição das *Obras completas de Álvares de Azevedo*, da Garnier, sob a responsabilidade de Joaquim Norberto de Sousa e Silva.

1886. Publicação de *O Conde Lopo*, sob a responsabilidade de Luís Antônio da Silva Nunes (Rio de Janeiro, Tipografia G. Leuzinger & Irmãos).

1942. Inclusão do fragmento "Lábios e Sangue", terceira parte incompleta do inédito *O livro de Fra Gondicário*, e de cinqüenta e oito cartas reproduzidas do anexo de *Dois românticos brasileiros*, de Luís Filipe Vieira Souto (Rio de Janeiro, 1931, pp. 35-92), na oitava edição das *Obras completas de Álvares de Azevedo*, organizada e anotada por Homero Pires, em dois tomos (São Paulo, Rio de Janeiro, Porto Alegre, Companhia Editora Nacional, 1942; o prefácio é de 25 de março de 1939).

NOTA SOBRE A PRESENTE EDIÇÃO

Para a reprodução de *Macário* e *Noite na taverna*, utilizou-se como texto-base a oitava edição das *Obras completas de Álvares de Azevedo*, organizada e anotada por Homero Pires, e publicada em dois volumes, em 1942, pela Companhia Editora Nacional. Como essa edição, apesar dos cuidados tomados no estabelecimento dos textos, contém algumas gralhas, tratou-se aqui de fazer todas as correções necessárias para melhor editar as duas obras-primas do escritor brasileiro.

Não estranhe o leitor algumas passagens de *Macário* ou de *Noite na taverna* em que a pontuação não parece correta. Conservou-se aqui a pontuação original, em alguns aspectos diferente da que é predominante hoje, e apenas a ortografia foi atualizada. Esclareça-se ainda que a inclusão de uma obra em prosa ao lado de uma peça teatral se justifica pelo reconhecimento da pertinência de uma idéia presente no estudo introdutório: a de que *Macário* e *Noite na taverna* formariam um conjunto, o segundo como uma espécie de continuação do primeiro.

MACÁRIO

PUFF

Criei para mim algumas idéias teóricas sobre o drama. Algum dia, se houver tempo e vagar, talvez as escreva e dê a lume.

O meu protótipo seria alguma coisa entre o teatro inglês, o teatro espanhol e o teatro grego – a força das paixões ardentes de Shakespeare, de Marlowe e Otway, a imaginação de Calderón de la Barca e Lope de Vega, e a simplicidade de Ésquilo e Eurípedes – alguma coisa como Goethe sonhou, e cujos elementos eu iria estudar numa parte dos dramas dele – em *Goetz de Berlichingen*, *Clavijo*, *Egmont*, no episódio da Margarida de *Fausto* – e a outra na simplicidade ática de sua *Ifigênia*. Estudá-lo-ia talvez em Schiller, nos dois dramas do *Wallenstein*, nos *Salteadores*, no *D. Carlos*: estudá-lo-ia ainda na *Noiva de Messina* com seus coros, com sua tendência à regularidade.

É um tipo talvez novo, que não se parece com o misticismo do teatro de Werner, ou as tragédias teogônicas de OEhlenschläger e ainda menos com o de Kotzebue ou o de Victor Hugo e Dumas.

Não se pareceria com o de Ducis, nem com aquela tradução bastarda, verdadeira castração do *Otelo* de Shakespeare, feita pelo poeta sublime do *Chatterton*, o conde Vigny. – Quando não se tem alma adejante para emparelhar com o gênio vagabundo do autor de *Hamlet*, haja ao menos modéstia bastante para não querer emendá-lo. Por isso o *Otelo* de Vigny é morto. Era uma obra de talento, mas devia ser um rasgo de gênio.

Emendá-lo! pobres pigmeus que querem limar as monstruosidades do Colosso! Raça de Liliput que queria aperfeiçoar os membros do gigante – disforme para eles – de Gulliver!

E digam-me: que é o disforme? há aí um anão ou um gigante? Não é assim que eu o entendo. Haveria enredo, mas não a complicação exagerada da comédia espanhola. Haveriam paixões, porque o peito da tragédia deve bater, deve sentir-se ardente, – mas não requintaria o horrível, e não faria um drama daqueles que parecem feitos para reanimar corações-cadáveres, como a pilha galvânica as fibras nervosas do morto!

Não; o que eu penso é diverso. É uma grande idéia que talvez nunca realize. É difícil encerrar a torrente de fogo dos anjos decaídos de Milton ou o pântano de sangue e lágrimas do Alighieri dentro do pentâmetro de mármore da tragédia antiga. Contam que a primeira idéia de Milton foi fazer do *Paraíso Perdido* uma tragédia – um mistério – não sei o quê: não o pôde; o assunto transbordava, crescia; a torrente se tornava num oceano. É difícil marcar o lugar onde pára o homem e começa o animal, onde cessa a alma e começa o instinto – onde a paixão se torna ferocidade. É difícil marcar onde deve parar o galope do sangue nas artérias, e a violência da dor no crânio. Contudo, deve haver e o há um limite às expansões do ator, para que não haja exageração, nem degenere num papel de fera o papel de homem. *O Pobre Idiota* tem esse defeito entre mil outros. A cena do subterrâneo é interessante, mas é de um interesse semelhante àquele que excitava o *Jocko* ou *O homem das matas* – aquele macaco representado por Morietti que fazia chorar a platéia.

O Pobre Idiota representa o idiotismo do homem caído na animalidade. O ator fez o papel que devia – não exagerou – representou a fera na sua fúria, – uma fera, onde por um enxerto caprichoso do imitador de Hauser haviam um amor poético por uma flor – e uma estampa!

A vida e só a vida! mas a vida tumultuosa, férvida, anelante, às vezes sanguenta – eis o drama. Se eu escrevesse, se a minha pena se desvairasse na paixão, eu a deixaria correr assim. Iago enganaria o Mouro, trairia Cássio, perderia Desdêmona e desfrutaria a bolsa de Rodrigo. Cássio seria apunhalado na cena. Otelo sufocaria sua Veneziana com o travesseiro, escondê-la-ia com o cortinado quando entrasse Emília: chamaria sua esposa – *a whore* – e gabar-se-ia de seu feito. O *honest, most honest* Iago viria ver a sua vítima, Emília soluçando a mostraria ao demônio; o Africano delirante, doido de amor, doido de a ter morto, morreria beijando os lábios pálidos da Veneziana. Hamlet no cemitério conversaria com os coveiros, ergueria do chão a caveira de Yorick o truão; Ofélia coroada de flores cantaria insana as balatas obscenas do povo; Laertes apertaria nos braços o cadáver da pobre louca. Orlando no *What you will* penduraria suas rimas de Rosalinda nos arvoredos dos Cevennes. Isto seria tudo assim.

Se eu imaginasse o Otelo, seria com todo o seu esgar, seu desvario selvagem, com aquela forma irregular que revela a paixão do sangue. É que as nódoas de sangue quando caem no chão não têm forma geométrica. As agonias da paixão, do desespero e do ciúme ardente quando coam num sangue tropical não se derretem em alexandrinos, não se modulam nas falas banais dessa poesia de convenção que se chama – conveniências dramáticas.

Mas se eu imaginasse primeiro a minha idéia, se a não escrevesse como um sonâmbulo, ou como falava a Pitonisa convulsa agitando-se na trípode, se pudesse, antes de fazer meu quadro, traçar as linhas no painel, fá-lo-ia regular como um templo grego ou como a Atália, arquétipa de Racine.

São duas palavras estas, mas estas duas palavras têm um fim: é declarar que o meu tipo, a minha teoria, a minha utopia dramática, não é esse drama que aí vai. Esse é apenas como tudo que até hoje tenho esboçado, como um romance que escrevi numa noite de insônia – como um poema que cismei numa semana de febre – uma aberração dos princípios da ciência, uma exceção às minhas regras mais íntimas e sistemáticas. Esse drama é apenas uma inspiração confusa – rápida – que realizei à pressa como um pintor febril e trêmulo.

Vago como uma aspiração espontânea, incerto como um sonho; como isso o dou, tenham-no por isso.

Quanto ao nome, chamem-no drama, comédia, dialogismo: – não importa. Não o fiz para o teatro: é um filho pálido dessas fantasias que se apoderam do crânio e inspiram a *Tempestade* a Shakespeare, *Beppo* e o *IX Canto de D. Juan* a Byron; que fazem escrever *Annunziata* e *O canto de Antônia* a quem é Hoffmann ou *Fantasio* ao poeta de *Namouna*.

PRIMEIRO EPISÓDIO

Numa estalagem da estrada

MACÁRIO

(*falando para fora*)

Olá, mulher da venda! Ponham-me na sala uma garrafa de vinho, façam-me a cama e mandem-me ceia: palavra de honra que estou com fome! Dêem alguma ponta de charuto ao burro que está suado como um frade bêbado! Sobretudo não esqueçam o vinho!

UMA VOZ

Há aguardente unicamente, mas boa.

MACÁRIO

Aguardente! Pensas que sou algum jornaleiro?... Andar seis léguas e sentir-se com a goela seca. Ó mulher maldita! aposto que também não tens água?

A MULHER

E pura, senhor! Corre ali embaixo uma fonte que é limpa como o vidro e fria como uma noite de geada. (*sai*)

MACÁRIO

Eis aí o resultado das viagens. Um burro frouxo, uma garrafa vazia. (*tira uma garrafa do bolso*) Conhaque! És um belo companheiro de viagem. És silencioso como um vigário em caminho, mas no silêncio que inspiras, como nas noites de luar, ergue-se às vezes um canto misterioso que enleva! Conhaque! Não te ama quem não te entende! não te amam essas bocas feminis acostumadas ao mel enjoado da vida, que não anseiam prazeres desconhecidos, sensações mais fortes! E eis-te aí vazia, minha garrafa! vazia como mulher bela que morreu! Hei de fazer-te uma nênia.

E não ter nem um gole de vinho! Quando não há o amor, há o vinho; quando não há o vinho, há o fumo; e quando não há amor, nem vinho, nem fumo, há o *spleen*. O *spleen* encarnado na sua forma mais lúgubre naquela velha taverneira repassada de aguardente que tresanda!

(*entra a mulher com uma bandeja*)

A MULHER

Eis aqui a ceia.

MACÁRIO

Ceia! que diabo de comida verde é essa? Será algum feixe de capim? Leva para o burro.

A MULHER

São couves...

MACÁRIO

Leva para o burro.

A MULHER

É fritado em toucinho...

MACÁRIO

Leva para o burro com todos os diabos! (*atira-lhe o prato na cabeça. A mulher sai. Macário come*)

UM DESCONHECIDO
(*entrando*)

Boa noite, companheiro.

MACÁRIO
(*comendo*)

Boa noite...

O DESCONHECIDO

Tendes um apetite!...

MACÁRIO

Entendo-vos. Quereis comer? sentai-vos. Quereis conversar? esperai um pouco.

O DESCONHECIDO

Esperarei. (*senta-se*)

Macário
(*comendo*)

Parece-me que não é a primeira vez que vos encontro. Quando a noite caía, ao subir da garganta da serra...

O desconhecido

Um vulto com um ponche vermelho e preto roçou a bota por vossa perna...

Macário

Tal e qual – por sinal que era fria como o focinho de um cão.

O desconhecido

Era eu.

Macário

Há um lugar em que estende-se um vale cheio de grama. À direita corre uma torrente que corta a estrada pela frente... Há uma ladeira mal calçada que se perde pelo mato...

O desconhecido

Aí encontrei-vos outra vez... A propósito, não bebeis?

Macário

Pois não sabeis? Essa maldita mulher só tem aguardente; e eu que sou capaz de amar a mulher do povo como a filha da aristocracia, não posso beber o vinho do sertanejo...

O DESCONHECIDO

(*tira uma garrafa do bolso e derrama vinho no copo de Macário*)

Ah!

MACÁRIO

Vinho! (*bebe*) À fé que é vinho de Madeira! À vossa saúde, cavalheiro!

O DESCONHECIDO

À vossa. (*tocam os copos*)

MACÁRIO

Tendes as mãos tão frias!

O DESCONHECIDO

É da chuva. (*sacode o ponche*) Vede: estou molhado até os ossos!

MACÁRIO

Agora acabei: conversemos...

O DESCONHECIDO

Vistes-me duas vezes. Eu vos vi ainda outra vez. Era na serra, no alto da serra. A tarde caía, os vapores azulados do horizonte se escureciam. Um vento frio sacudia as folhas da montanha e vós contempláveis a tarde que caía. Além, nesse horizonte, o mar como uma linha azul orlada de escuma e de areia – e no vale, como bando de gaivotas brancas sentadas num paul, a cidade que algumas horas antes tínheis deixado. Daí vossos olhares se recolhiam aos arvoredos que vos rodeavam, ao precipício cheio das flores azuladas e vermelhas das trepadeiras, às torrentes que mugiam no fundo do abismo, e defronte víeis aquela cachoeira imensa que espedaça suas águas amareladas, numa chuva de escuma, nos rochedos negros do seu leito. E olháveis tudo isso com um ar perfeitamente romântico. Sois poeta?

MACÁRIO

Enganais-vos. Minha mula estava cansada. Sentei-me ali para descansá-la. Esperei que o fresco da neblina a reforçasse. Nesse tempo divertia-me em atirar pedras no despenhadeiro e contar os saltos que davam.

O DESCONHECIDO

É um divertimento agradável.

MACÁRIO

Nem mais nem menos que cuspir num poço, matar moscas, ou olhar para a fumaça de um cachimbo... A minha mala... (*chega à janela*) Ó mulher da casa! olá! ó de casa!

UMA VOZ
(*de fora*)

Senhor!

MACÁRIO

Desate a mala de meu burro e tragam-ma aqui...

A VOZ

O burro?

MACÁRIO

A mala, burro!

A VOZ

A mala com o burro?

MACÁRIO

Amarra a mala nas tuas costas e amarra o burro na cerca.

A VOZ

O senhor é o moço que chegou primeiro?

MACÁRIO

Sim. Mas vai ver o burro.

A VOZ

Um moço que parece estudante?

MACÁRIO

Sim. Mas anda com a mala.

A VOZ

Mas como hei de ir buscar a mala? Quer que vá a pé?

MACÁRIO

Esse diabo é doido! Vai a pé, ou monta numa vassoura como tua mãe!

A VOZ

Descanse, moço. O burro há de aparecer. Quando madrugar iremos procurar.

OUTRA VOZ

Havia de ir pelo caminho do Nhô Quito. Eu conheço o burro...

MACÁRIO

E minha mala?

A VOZ

Não vê? Está chovendo a potes!...

MACÁRIO

(*fecha a janela*)

Malditos! (*atira com uma cadeira no chão*)

O DESCONHECIDO

Que tendes, companheiro?

MACÁRIO

Não vedes? O burro fugiu...

DESCONHECIDO

Não será quebrando cadeiras que o chamareis...

MACÁRIO

Porém a raiva...

O DESCONHECIDO

Bebei mais um copo de Madeira. (*bebem*)

Levais decerto alguma preciosidade na mala? (*sorri-se*)

MACÁRIO

Sim...

O DESCONHECIDO

Dinheiro?

MACÁRIO

Não, mas...

O DESCONHECIDO

A coleção completa de vossas cartas de namoro, algum poema em borrão, alguma carta de recomendação?

MACÁRIO

Nem isso, nem aquilo... Levo...

O DESCONHECIDO

A mala não pareceu-me muito cheia. Senti alguma coisa sacolejar dentro. Alguma garrafa de vinho?

MACÁRIO

Não! não! mil vezes não! Não concebeis, uma perda imensa, irreparável... era o meu cachimbo...

O DESCONHECIDO

Fumais?

MACÁRIO

Perguntai de que serve o tinteiro sem tinta, a viola sem cordas, o copo sem vinho, a noite sem mulher – não me pergunteis se fumo!

O DESCONHECIDO

(*dá-lhe um cachimbo*)

Eis aí um cachimbo primoroso. É de pura escuma do mar. O tubo é de pau de cereja. O bocal é de âmbar.

MACÁRIO

Bofé! Uma Sultana o fumaria! E fumo?

O DESCONHECIDO

É uma invenção nova. Dispensa-o. Acendei-o na vela. (*Macário acende*)

MACÁRIO

E vós?

O DESCONHECIDO

Não vos importeis comigo. (*tira outro cachimbo e fuma*)

MACÁRIO

Sois um perfeito companheiro de viagem. Vosso nome?

O DESCONHECIDO

Perguntei-vos o vosso?

MACÁRIO

O caso é que é preciso que eu pergunte primeiro. Pois eu sou um estudante. Vadio ou estudioso, talentoso ou estúpido, pouco importa. Duas palavras só: amo o fumo e odeio o Direito Romano. Amo as mulheres e odeio o romantismo.

O DESCONHECIDO

Tocai! Sois um digno rapaz. (*apertam a mão*)

MACÁRIO

Gosto mais de uma garrafa de vinho que de um poema, mais de um beijo que do soneto mais harmonioso. Quanto ao canto dos passarinhos, ao luar sonolento, às noites límpidas, acho isso sumamente insípido. Os passarinhos sabem só uma cantiga. O luar é sempre o mesmo. Esse mundo é monótono a fazer morrer de sono.

O DESCONHECIDO

E a poesia?

MACÁRIO

Enquanto era a moeda de ouro que corria só pela mão do rico, ia muito bem. Hoje trocou-se em moeda de cobre; não há mendigo, nem caixeiro de taverna que não tenha esse vintém azinhavrado. Entendeis-me?

O DESCONHECIDO

Entendo. A poesia, de popular tornou-se vulgar e comum. Antigamente faziam-na para o povo; hoje o povo fá-la... para ninguém...

MACÁRIO

(*bebe*)

Eu vos dizia pois... Onde tínhamos ficado?

O DESCONHECIDO

Não sei. Parece-me que falávamos sobre o Papa.

MACÁRIO

Não sei: creio que o vosso vinho subiu-me à cabeça. Puah! vosso cachimbo tem sarro que tresanda!

O DESCONHECIDO

Sois triste, moço... Palavra, que eu desejaria ver uma poesia vossa.

MACÁRIO

Por quê?

O DESCONHECIDO

Porque havia ser alegre como Arlequim assistindo a seu enterro...

MACÁRIO

Poesias a quê?

O DESCONHECIDO

À luz, ao céu, ao mar...

MACÁRIO

Primeiramente – o mar é uma coisa soberanamente insípida... O enjôo é tudo quanto há mais prosaico. Sou daqueles de quem fala o corsário de Byron "*whose soul would sicken o'er the heaving wave*".

O DESCONHECIDO

E enjoais a bordo?

MACÁRIO

É a única semelhança que tenho com D. Juan.

O DESCONHECIDO

Modéstia!

MACÁRIO

Pergunta à taverneira se apertei-lhe o cotovelo, pisquei-lhe o olho, ou pus-lhe a mão nas tetas...

O DESCONHECIDO

Um dragão!

MACÁRIO

Uma mulher! Todas elas são assim. As que não são assim por fora o são por dentro. Algumas em falta de cabelos na cabeça os têm no coração. As mulheres são como as espadas, às vezes a bainha é de ouro e de esmalte, e a folha é ferrugenta.

O DESCONHECIDO

Falas como um descrido, como um saciado! E contudo ainda tens os beiços de criança! Quantos seios de mulher beijaste além do seio de tua ama-de-leite? Quantos lábios além dos de tua irmã?

MACÁRIO

A vagabunda que dorme nas ruas, a mulher que se vende corpo e alma, porque sua alma é tão desbotada como seu corpo, te digam minhas noites. Talvez muita virgem tenha suspirado por mim! Talvez agora mesmo alguma donzela se ajoelhe na cama e reze por mim!

O DESCONHECIDO

Na verdade és belo. Que idade tens?

MACÁRIO

Vinte anos. Mas meu peito tem batido nesses vinte anos tantas vezes como o de um outro homem em quarenta.

O DESCONHECIDO

E amaste muito?

MACÁRIO

Sim e não. Sempre e nunca.

O DESCONHECIDO

Fala claro.

MACÁRIO

Mais claro que o dia. Se chamas o amor a troca de duas temperaturas, o aperto de dois sexos, a convulsão de dois peitos que arquejam, o beijo de duas bocas que tremem, de duas vidas que se fundem... tenho amado muito e sempre!... Se chamas o amor o sentimento casto e puro que faz cismar o pensativo, que faz chorar o amante na relva onde passou a beleza, que adivinha o perfume dela na brisa, que pergunta às aves, à manhã, à noite, às harmonias da música, que melodia é mais doce que sua voz, e ao seu coração, que formosura há mais divina que a dela – eu nunca amei. Ainda não achei uma mulher assim. Entre um charuto e uma chávena de café lembro-me às vezes de alguma forma divina, morena, branca, loira, de cabelos castanhos ou negros. Tenho-as visto que fazem empalidecer – e meu peito parece sufocar... meus lábios se gelam, minha mão se esfria... Parece-me então que se aquela mulher que me faz estremecer assim soltasse sua roupa de veludo e me deixasse pôr os lábios sobre seu seio um momento, eu morreria num desmaio de prazer! Mas depois desta vem outra – mais outra – e o amor se desfaz numa saudade que se desfaz no esquecimento. Como eu te disse, nunca amei.

O DESCONHECIDO

Ter vinte anos e nunca ter amado! E para quando esperas o amor?

MACÁRIO

Não sei. Talvez eu ame quando estiver impotente!

O DESCONHECIDO

E o que exigirias para a mulher de teus amores?

MACÁRIO

Pouca coisa. Beleza, virgindade, inocência, amor...

O DESCONHECIDO
(*irônico*)

Mais nada?

MACÁRIO

Notai que por beleza indico um corpo bem-feito, arredondado, cetinoso, uma pele macia e rosada, um cabelo de seda frouxa e uns pés mimosos...

O DESCONHECIDO

Quanto à virgindade?

MACÁRIO

Eu a quereria virgem n'alma como no corpo. Quereria que ela nunca tivesse sentido a menor emoção por ninguém. Nem por um primo, nem por um irmão... Que Deus a tivesse criado adormecida n'alma até ver-me, como aquelas princesas encantadas dos contos – que uma fada adormecera por cem anos. Quereria que um anjo a cobrisse sempre com seu véu, e a banhasse todas as noites do seu óleo divino para guardá-la santa! Quereria que ela viesse criança transformar-se em mulher nos meus beijos.

O DESCONHECIDO

Muito bem, mancebo! E esperas essa mulher?

MACÁRIO

Quem sabe!

O DESCONHECIDO

E é no lodo da prostituição que hás de encontrá-la?

MACÁRIO

Talvez! É no lodo do oceano que se encontram as pérolas...

O DESCONHECIDO

Em mau lugar procuras a virgindade! É mais fácil achar uma pérola na casa de um joalheiro que no meio das areias do fundo do mar.

MACÁRIO

Quem sabe!...

O DESCONHECIDO

Duvidas pois?

MACÁRIO

Duvido sempre. Descreio às vezes. Parece-me que este mundo é um logro. O amor, a glória, a virgindade, tudo é uma ilusão.

O DESCONHECIDO

Tens razão: a virgindade é uma ilusão! Qual é mais virgem, aquela que é desflorada dormindo, ou a freira que ardente de lágrimas e desejos se revolve no seu catre, rompendo com as mãos sua roupa de morte, lendo algum romance impuro?

MACÁRIO

Tens razão: a virgindade d'alma pode existir numa prostituta, e não existir numa virgem de corpo. – Há flores sem perfume, e perfume sem flores. Mas eu não sou como os outros. Acho que uma taça vazia pouco vale, mas não beberia o melhor vinho numa xícara de barro.

O DESCONHECIDO

E contudo bebes o amor nos lábios de argila da mulher corrupta!

MACÁRIO

O amor? Que te disse que era o amor? É uma fome impura que se sacia. O corpo faminto é como o conde Ugolino na sua torre – morderia até num cadáver.

O DESCONHECIDO

Tua comparação é exata. A meretriz é um cadáver.

MACÁRIO

Vale-nos ao menos que sobre seu peito não se morre de frio!

O DESCONHECIDO

Admira-me uma coisa. Tens vinte anos: deverias ser puro como um anjo e és devasso como um cônego!

MACÁRIO

Não é que eu não voltasse meus sonhos para o céu. A cisterna também abre seus lábios para Deus, e pede-lhe uma água pura – e o mais das vezes só tem lodo. Palavra de honra – que às vezes quero fazer-me frade.

O DESCONHECIDO

Frade! Para quê?

MACÁRIO

É uma loucura. Enche esse copo. (*bebe*) Pela Virgem Maria! Tenho sono. Vou dormir.

O DESCONHECIDO

E eu também. Boa noite.

MACÁRIO

Ainda uma vez, antes de dormir, o teu nome?

O DESCONHECIDO

Insistes nisso?

MACÁRIO

De todo o meu coração. Sou filho de mulher.

O DESCONHECIDO

Aperta a minha mão. Quero ver se tremes nesse aperto ouvindo meu nome.

MACÁRIO

Juro-te que não, ainda que fosses...

O DESCONHECIDO

Aperta minha mão. Até sempre: na vida e na morte!

MACÁRIO

Até sempre, na vida e na morte!

O DESCONHECIDO

E o teu nome?

MACÁRIO

Macário. Se não fosse enjeitado, dir-te-ia o nome de meu pai e o de minha mãe. Era decerto alguma libertina. Meu pai, pelo que penso, era padre ou fidalgo.

O DESCONHECIDO

Eu sou o diabo. Boa noite, Macário.

MACÁRIO

Boa noite, Satã. (*deita-se. O desconhecido sai*) O diabo! uma boa fortuna! Há dez anos que eu ando para encontrar esse patife! Desta vez agarrei-o pela cauda! A maior desgraça deste mundo é ser Fausto sem Mefistófeles... Olá, Satã!

SATÃ

Macário...

MACÁRIO

Quando partimos?

SATÃ

Tens sono?

MACÁRIO

Não.

SATÃ

Então já.

MACÁRIO

E o meu burro?

SATÃ

Irás na minha garupa.

Num caminho

(*SATÃ montado num burro preto; – MACÁRIO na garupa.*)

MACÁRIO

Pára um pouco teu burro.

SATÃ

Não queres chegar?

MACÁRIO

É que ele tem um trote inglês de desesperar os intestinos.

SATÃ

E contudo este burro descende em linha reta do burro em que fez a sua entrada em Jerusalém o filho do velho carpinteiro José. Vês pois que é fidalgo como um cavalo árabe.

MACÁRIO

Tudo isso não prova que ele não trota danadamente. Falta-nos muito para chegar?

SATÃ

Não. Daqui a cinco minutos podemos estar à vista da cidade. Hás de vê-la desenhando no céu suas torres escuras e seus casebres tão pretos de noite como de dia, iluminada, mas sombria como uma essa de enterro.

MACÁRIO

Tenho ânsia de lá chegar. É bonita?

SATÃ

(*boceja*)

Ah! é divertida.

MACÁRIO

Por acaso também há mulheres ali?

SATÃ

Mulheres, padres, soldados e estudantes. As mulheres são mulheres, os padres são soldados, os soldados são padres, e os estudantes são estudantes: para falar mais claro: as mulheres são lascivas, os padres dissolutos, os soldados ébrios, os estudantes vadios. Isto salvo honrosas exceções, por exemplo, de amanhã em diante, tu.

MACÁRIO

Esta cidade deveria ter o teu nome.

SATÃ

Tem o de um santo: é quase o mesmo. Não é o hábito que faz o monge. Demais, essa terra é devassa como uma cidade, insípida como uma vila, e pobre como uma aldeia. Se não estás reduzido a dar-te ao pagode, a suicidar-te de *spleen*, ou a alumiar-te a rolo, não entres lá. É a monotonia do tédio. Até as calçadas!

MACÁRIO

Que têm?

SATÃ

São intransitáveis. Parecem encastoadas as tais pedras. As calçadas do inferno são mil vezes melhores. Mas o pior da história é que as beatas e os cônegos cada vez que saem, a cada topada, blasfemam tanto com o rosário na mão que já estou enjoado. Admiras-te? por que abres essa boca espantada? Antigamente o diabo corria atrás dos homens, hoje são eles que rezam pelo diabo. Acredita que faço-te um favor muito grande em preferir-te à moça de um frade que me trocaria pelo seu Menino Jesus, e a um cento de padres que dariam a alma, que já não têm, por uma candidatura.

MACÁRIO

Mas, como dizias, as mulheres...

SATÃ

Debaixo do pano luzidio da mantilha, entre a renda do véu, com suas faces cor-de-rosa, olhos e cabelos pretos (e que olhos e que longos cabelos!) são bonitas. Demais, são beatas como uma bisavó; e sabem a arte moderna de entremear uma Ave-Maria com um namoro; e soltando uma conta do rosário lançar uma olhadela.

MACÁRIO

Oh! a mantilha acetinada! os olhares de Andaluza! e a tez fresca como uma rosa! os olhos negros, muito negros, entre o véu de seda dos cílios. Apertá-las ao seio com seus ais, seus suspiros, suas orações entrecortadas de soluços! Beijar-lhes o seio palpitante e a cruz que se agita no seu colo! Apertar-lhes a cintura, e sufocar-lhes nos lábios uma oração! Deve ser delicioso!

SATÃ

Tá! tá! tá! – Que ladainha! parece que já estás enamorado, meu Dom Quixote, antes de ver as Dulcinéias!

MACÁRIO

Que boa terra! É o Paraíso de Mafoma!

SATÃ

Mas as moças poucas vezes têm bons dentes. A cidade colocada na montanha, envolta de várzeas relvosas, tem ladeiras íngremes e ruas péssimas. É raro o minuto em que não se esbarra a gente com um burro ou com um padre. Um médico que ali viveu e morreu deixou escrito numa obra inédita, que para sua desgraça o mundo não há de ler, que a virgindade era uma ilusão. E contudo, não há em parte alguma mulheres que tenham sido mais vezes virgens que ali.

MACÁRIO

Tem-se-me contado muito bonitas histórias. Dizem na minha terra que aí, à noite as moças procuram os mancebos, que lhes batem à porta, e na rua os puxam pelo capote. Deve ser delicioso! Quanto a mim, quadra-me essa vida excelentemente, nem mais nem menos que um Sultão escolherei entre essas belezas vagabundas a mais bela. Aplicarei contudo o ecletismo ao amor. Hoje uma, amanhã outra: experimentarei todas as taças. A mais doce embriaguez é a que resulta da mistura dos vinhos.

SATÃ

A única que tu ganharás será nojenta. Aquelas mulheres são repulsivas. O rosto é macio, os olhos lânguidos, o seio morno... Mas o corpo é imundo. Têm uma lepra que ocultam num sorriso. Bofarinheiras de infâmia dão em troca do gozo o veneno da sífilis. Antes amar uma lazarenta!

MACÁRIO

És o diabo em pessoa. Para ti nada há bom. Pelo que vejo, na criação só há uma perfeição, a tua. Tudo o mais nada vale para ti. Substância da soberba, ris de tudo o mais embuçado no teu desdém. Há uma tradição, que quando Deus fez o homem, veio Satã; achou a criatura adormecida, apalpou-lhe o corpo: achou-o perfeito, e deitou aí as paixões.

SATÃ

Essa história é uma mentira. O que Satã pôs aí foi o orgulho. E o que são vossas virtudes humanas senão a encarnação do orgulho?

MACÁRIO

Oh! Ali vejo luzes ao longe. Uma montanha oculta no horizonte. Disséreis um pântano escuro cheio de fogos errantes. Por que paras o teu animal?

SATÃ

Tenho uma casa aqui na entrada da cidade. Entrando à direita, defronte do cemitério. Sturn, meu pajem, lá está preparando a ceia. Levanta-te sobre meus ombros: não vês naquele palácio uma luz correr uma por uma as janelas? Sentiram a minha chegada.

MACÁRIO

Que ruínas são estas? É uma igreja esquecida? A lua se levanta ao longe nas montanhas. Sua luz horizontal banha o vale, e branqueia os pardieiros escuros do convento. Não mora ali ninguém? Eu tinha desejo de correr aquela solidão.

SATÃ

É uma propensão singular a do homem pelas ruínas. Devia ser um frade bem sombrio, ébrio de sua crença profunda, o Jesuíta que aí lançou nas montanhas a semente dessa cidade. Seria o acaso quem lhe pôs no caminho, à entrada mesmo, um cemitério à esquerda e umas ruínas à direita?

MACÁRIO

Se quisesses, Satã, podíamos descer pelo despenhadeiro, e ir ter lá embaixo, enquanto Sturn prepara a ceia.

SATÃ

Não, Macário. Minha barriga está seca como a de um eremita: deves também ter fome. Molhar os pés no orvalho não deve ser bom para quem vem de viagem. Vamos cear. Daqui a pouco o luar estará claro e poderemos vir.

MACÁRIO

Fiat voluntas tua.

SATÃ

Amen!

Ao luar

(*Junto de uma janela está uma mesa.*)

SATÃ

Então, não bebes, Macário? Que tens, que estás pensativo e sombrio? Olha, desgraçado, é verdadeiro vinho do Reno que desdenhas!

MACÁRIO

E tu és mesmo Satã?

SATÃ

É nisso que pensavas? És uma criança. Decerto que querias ver-me nu e ébrio como Calibã, envolto no tradicional cheiro de enxofre! Sangue de Baco! Sou o diabo em pessoa! Nem mais nem menos: porque tenha luvas de pelica, e ande de calças à inglesa, e tenha os olhos tão azuis como uma alemã! Queres que to jure pela Virgem Maria?

MACÁRIO

(*bebe*)

Este vinho é bom. Quando se tem três garrafas de Johannisberg na cabeça, sente-se a gente capaz de escrever um poema. O poeta árabe bem o disse – o vinho faz do poeta um príncipe e do príncipe um poeta. Sabes quem inventou o vinho?

SATÃ

É uma bela coisa o vapor de um charuto! E demais, o que é tudo no mundo senão vapor? A adoração é incenso e o incenso o que é? O amor é o vapor do coração que embebeda os sentidos. Tu o sabes – a glória é fumaça.

MACÁRIO

Sim. É belo fumar! O fumo, o vinho e as mulheres! Sabes... há ocasião em que dão-me venetas de viver no Oriente.

SATÃ

Sim... o Oriente! mas que achas de tão belo naqueles homens que fumam sem falar, que amam sem suspirar? É pelo fumo? Fuma aqui... vê, o luar está belo: as nuvens do céu parecem a fumaça do cachimbo do Onipotente que resfolga dormindo. Pelas mulheres? Faze-te vigário de freguesia...

MACÁRIO

É uma coisa singular esta vida. Sabes que às vezes eu queria ser uma daquelas estrelas para ver de camarote essa Comédia que se chama o Universo? essa Comédia onde tudo que há mais estúpido é o homem que se crê um espertalhão? Vês aquele boi que rumina ali deitado sonolento na relva? Talvez seja um filósofo profundo que se ri de nós. A filosofia humana é uma vaidade. Eis aí, nós vivemos lado a lado, o homem dorme noite a noite com uma mulher: bebe, come, ama com ela, conhece todos os sinais de seu corpo, todos os contornos de suas formas, sabe todos os ais que ela murmura nas agonias do amor, todos os sonhos de pureza que ela sonha de noite e todas as palavras obscenas que lhe escapam de dia... Pois bem – a esse homem que deitou-se mancebo com essa mulher ainda virgem, que a viu em todas as fases, em todos os seus crepúsculos, e acordou um dia com ela ambos velhos e impotentes, a esse homem, perguntai-lhe o que é essa mulher, ele não saberá dizê-lo! Ter volvido e revolvido um livro a ponto de manchar-lhe e romper-lhe as folhas, e não entendê-lo! Eis o que é a filosofia do homem! Há cinco mil anos que ele se abisma em si, e pergunta-se quem é, donde veio, onde vai, e o que tem mais juízo é aquele que moribundo crê que ignora!

SATÃ

Eis o que é profundamente verdade! Perguntai ao libertino que venceu o orgulho de cem virgens e que passou outras tantas noites no leito de cem devassas, perguntai a D. Juan, Hamlet ou ao Fausto o que é a mulher, e... nenhum o saberá dizer. E isso que te digo não é romantismo. Amanhã numa taverna poderás achar Romeu com a criada da estalagem, verás D. Juan com Julietas, Hamlet ou Fausto sob a casaca de um *dandy*. É que esses tipos são velhos e eternos como o sol. E a humanidade que os estuda desde os primeiros tempos ainda não entende esses míseros, cuja desgraça é não entender e o sábio que os vê a seu lado deixa esse estudo para pensar nas estrelas; o médico, que talvez foi moço de coração e amou e creu, e desesperou e descreu, ri-se das doenças da alma, e só vê a nostalgia na ruptura de um vaso, o amor concentrado quando se materializa numa tísica. Se Antony ainda vive e deu-se à medicina é capaz de receitar uma dose de jalapa para uma dor íntima; um cautério para uma dor de coração!

MACÁRIO

Falas como um livro, como dizem as velhas. Só Deus ou tu sabes se o Ramée ou D. César de

Basan, Santa Teresa ou Marion Delorme, o sábio ou o ignorante, Creso ou Iro, Goethe ou o mendigo ébrio que canta, entenderam a vida. Quem sabe onde está a verdade? nos sonhos do poeta, nas visões do monge, nas canções obscenas do marinheiro, na cabeça do doido, na palidez do cadáver, ou no vinho ardente da orgia? Quem sabe?

SATÃ

És triste como um sino que dobra. Não falemos nisto. Fala-me antes na beleza de alguma virgem nua, na languidez de uns olhos negros, na convulsão que te abala nalguma hora de deleite. A minha guitarra está ali: queres que te cante alguma modinha? Pela lua! estás distraído como um fumador de ópio!

MACÁRIO

No que penso? Hás de rir se contar-to. É uma história fatal.

SATÃ

Deixa-me acender outro charuto... Muito bem. Conta agora. É algum romance?

MACÁRIO

Não: lembrei-me agora de uma mulher*. Uma noite encontrei na rua uma vagabunda. A noite era escura. Eu ia pelas ruas à toa... Segui-a. Ela

---

* Histórico (nota de Álvares de Azevedo).

levou-me à sua casa. Era um casebre. A cama era um catre: havia um colchão em cima, mas tão velho, tão batido, que parecia estar desfeito ao peso dos que aí haviam se revolvido. Deitei-me com ela. Estive algumas horas. Essa mulher não era bela: era magra e lívida. Essa alcova era imunda. Eu estava aí frio: o contato daquele corpo amolecido não me excitava sensações: e contudo eu mentia à minh'alma, dando-lhe beijos. Eu saí dali. No outro dia de manhã voltei. A casa estava fechada. Bati. Não me responderam. Entrei: – uma mulher saiu-me ao encontro. Perguntei-lhe pela outra. Silêncio! me disse a velha. – Está deitada ali no chão... Morreu esta noite... E com um ar cínico... – "Quereis vê-la? está nua... vão amortalhá-la..."

SATÃ

Na verdade, é singular. E o nome dessa mulher?

MACÁRIO

Esqueci-o. Talvez amanhã eu to diga: amanhã ou depois, que importa um nome? E contudo essa misérrima com quem deitei-me uma noite, que pretendia ter o segredo da virgindade eterna de Marion Delorme, que me falava de *amanhã* com tanta certeza, que mercadejava sua noite de *amanhã* como vendera segunda vez a de seu *hoje*, e que decerto morreu pensando nos meios de excitar mais deleite, na receita da virgindade eterna que ela sabia como a antiga Marion Delorme, essa mulher que esqueci como se esquecem os que são mortos, me fez ainda agora estremecer.

SATÃ

E quem sabe se aquela mulher, a cujo lado estiveste não era a ventura?

MACÁRIO

Não te entendo.

SATÃ

Quem sabe se naquele pântano não encontrarias talvez a chave de ouro dos prazeres que deliram?

MACÁRIO

Quem sabe! Talvez.

SATÃ

É tarde. Agora é uma caveira a face que beijaste – uma caveira sem lábios, sem olhos e sem cabelos. O seio se desfez. A vulva onde a sede imunda do soldado se enfurdava – como um cão se sacia de lodo – foi consumida na terra. Tudo isso é comum. É uma idéia velha, não? E quem sabe se sobre aquele cadáver não correram lágrimas de alguma esperança que se desvaneceu? se com ela não se enterrou teu futuro de amor? Não gozaste aquela mulher?

MACÁRIO

Não.

Satã

Se ali ficasses mais alguma hora, talvez ela te morresse nos braços. Aquela agonia, o beijo daquela moribunda talvez te regenerasse. Da morte nasce muitas vezes a vida. Dizem que se a rabeca de Paganini dava sons tão humanos, tão melodiosos, é que ele fizera passar a alma de sua mãe, de sua velha mãe moribunda, pelas cordas e pela caverna de seu instrumento. Sentes frio, que te embuças assim no teu capote?

Macário

Satã, fecha aquela janela. O ar da noite me faz mal. O luar me gela. Demais, senti nas folhagens ao longe um estremecer. Que som abafado é aquele ao longe? Dir-se-ia o arranco de um velho que estrebucha.

Satã

É a meia-noite. Não ouves?

Macário

Sim. É a meia-noite. A hora amaldiçoada, a hora que faz medo às beatas, e que acorda o ceticismo. Dizem que a essa hora vagam espíritos, que os cadáveres abrem os lábios inchados e murmuram mistérios... É verdade, Satã?

Satã

Se não tivesses tanto frio, eu te levaria comigo ao campo. Eu te adormeceria no cemitério e havias ter sonhos como ninguém os tem, e como os que os têm não querem crê-los.

MACÁRIO

Bem, muito bem. Irei contigo.

SATÃ

Vamos pois. Dá-me tua mão. Está fria como a de um defunto! Dentro em alguns momentos estaremos longe daqui. Dormirás esta noite um sono bem profundo.

MACÁRIO

O da morte?

SATÃ

Fundo como o do morto: mas acordarás, e amanhã lembrarás sonhos como um ébrio nunca vislumbrou.

MACÁRIO

Vamos – estou pronto.

SATÃ

Deixa-me beber um trago de curaçau. – Vamos. A lua parou no céu. Tudo dorme. É a hora dos mistérios. Deus dorme no seio da criação como Loth no regaço incestuoso de sua filha. Só vela Satã.

[No cemitério]*

(SATÃ, com a mão sobre o estômago de MACÁRIO, que está deitado sobre um túmulo.)

---

* Esta marcação entre colchetes foi posta por mim. (Antonio Candido.)

SATÃ

Acorda!

MACÁRIO

(*estremece*)

Ah! pensei nunca mais acordar! Que sono profundo!

SATÃ

Divertiste muito à noite, não?

MACÁRIO

É horrível! horrível!

SATÃ

Fala.

MACÁRIO

Meu peito se exauriu. Meus lábios não podem transbordar estes mistérios.

SATÃ

Era pois muito medonho o que vias? Levanta-te daí.

MACÁRIO

Não posso: quebrou-se meu corpo entre os braços do pesadelo. Não posso.

SATÃ

Liba esse licor: uma gota bastaria para reanimar um cadáver.

MACÁRIO

(*toca-o nos lábios*)

Que fogo! meu peito arde. Ah! ah! que dor!

SATÃ

Não sabes que para o metal bruto se derreter e cristalizar é mister um fogo ardente, ou a centelha magnética?

MACÁRIO

Que sonho! Era um ar abafado – sem nuvens e sem estrelas! – Que escuridão! Ouvia-se apenas de espaço a espaço um baque como o de um peso que cai no mar e afunda-se... Às vezes vinha uma luz, como uma estrela ardente, cair e apagar-se naquela lagoa negra... Depois eu vi uma forma de mulher pensativa. Era nua e seu corpo era perfeito como o de um anjo – mas era lívido como o mármore. Seus olhos eram vidrados, os lábios brancos, e as unhas roxeadas. Seu cabelo era loiro, mas tinha uns reflexos de branco. – Que dor desconhecida a gelara assim e lhe embranquecera os cabelos? não sei. Ela se erguia às vezes, cambaleando, estremecendo suas pernas indecisas, como uma criança que tirita; – e se perdia nas trevas. Eu a segui. Caminhamos longo tempo num chão pantanoso...

SATÃ

E tu a viste parar numa torrente que transbordava de cadáveres – tomá-los um por um nos braços sem sangue, apertar-se gelada naqueles seios de gelo, – revolver-se, tremer, arquejar – e erguer-se depois sempre com um sorriso amargo.

MACÁRIO

Quem era essa mulher?

SATÃ

Era um anjo. Há cinco mil anos que ela tem o corpo da mulher e o anátema de uma virgindade eterna. Tem todas as sedes, todos os apetites lascivos, mas não pode amar. Todos aqueles em que ela toca se gelam. Repousou o seu seio, roçou suas faces em muitas virgens e prostitutas, em muitos velhos e crianças – bateu a todas as portas da criação, estendeu-se em todos os leitos e com ela o silêncio... Essa estátua ambulante é quem murcha as flores, quem desfolha o outono, quem amortalha as esperanças.

MACÁRIO

Quem é?

SATÃ

E depois o que viste?

MACÁRIO

Vi muita coisa... Eram mil vozes que rebentavam do abismo, ardentes de blasfêmia! Das montanhas e dos vales da terra, das noites de amor e das noites de agonia, dos leitos do noivado aos túmulos da morte erguia-se uma voz que dizia: – Cristo, sê maldito! Glória, três vezes glória ao anjo do mal! – E as estrelas fugiam chorando, derramando suas lágrimas de fogo... E uma figura amarelenta beijava a criação na fronte, – e esse beijo deixava uma nódoa eterna...

SATÃ

Estás muito pálido. E contudo sonhaste só meia hora.

MACÁRIO

Eu pensei que era um século. O que um homem sente em cem anos não equivale a esse momento. Que estrela é aquela que caiu do céu, que ai é esse que gemeu nas brisas?

SATÃ

É um filho que o pai enjeitou. É um anjo que desliza na terra. Amanhã talvez o encontres. A pérola talvez se enfie num colar de bagas impuras – talvez o diamante se engaste em cobre. Aposto como daqui a um momento será uma mulher, daqui a um dia uma Santa Madalena!

MACÁRIO

Descrido!

SATÃ

O anjo é a criatura do amor. E o que há mais aberto ao amor que a filha de Jerusalém? Qual é a sombra onde mais vezes tem vibrado essa pólvora mágica e incompreensível? Qual é o seio onde tem caído ardentes mais lágrimas de gozo?

MACÁRIO

Não ouviste um ai? um outro ai ainda mais dorido?

SATÃ

É algum bacurau que passou; algum passarinho que acordou nas garras de uma coruja.

MACÁRIO

Não: o eco ainda o repete. Ouves? é um ai de agonia, uma voz humana! Quem geme a essas horas? Quem se torce na convulsão da morte?

SATÃ

(*dando uma gargalhada*)

Ah! ah! ah!

MACÁRIO

Que risada infernal. Não vês que tremo? que o vento que me trouxe esse ai me arrepiou os cabelos? Não sentes o suor frio gotejar da minha fronte?

SATÃ

(*ri-se*)

Ah! ah! ah!

MACÁRIO

Satã! Satã! Que ai era aquele?

SATÃ

Queres muito sabê-lo?

MACÁRIO

Sim! pelo inferno ou pelo céu!

SATÃ

É o último suspiro de uma mulher que morreu, é a última oração de uma alma que se apagou no nada.

MACÁRIO

E de quem é esse suspiro? por que é essa oração?

SATÃ

Decerto que não é por mim... Insensato, não adivinhas que essa voz é a de tua mãe, que essa oração era por ti?

MACÁRIO

Minha mãe! minha mãe!

SATÃ

Pelas tripas de Alexandre Bórgia! Choras como uma criança!

MACÁRIO

Minha mãe! minha mãe!

SATÃ

Então ficas aí?

MACÁRIO

Vai-te, vai-te, Satã! Em nome de Deus! em nome de minha mãe! eu te digo – Vai-te!

SATÃ

(*desaparecendo*)

É por pouco tempo. Amanhã me chamarás. Quando me quiseres é fácil chamar-me. Deita-te no chão com as costas para o céu; põe a mão esquerda no coração; com a direita bate cinco vezes no chão, e murmura – Satã!

A estalagem do caminho (do princípio)

(*As janelas fechadas. Batem à porta.*)

MACÁRIO

(*acordando*)

Que sonho! Foi um sonho... Satã! Qual Satã! Aqui estão as minhas botas, ali está o meu ponche... A ceia está intacta na mesa! Minha garrafa vazia do mesmo modo! Contudo eu sou capaz de jurar que não sonhei! Olá mulher da venda!

A MULHER

(*batendo de fora*)

Senhor moço! Abra! abra!

MACÁRIO

Que algazarra do diabo é essa?

(*abre a porta. Entra a mulher*)

A MULHER

Ah! Senhor! estou cansada de bater à sua porta! Pois o senhor dorme a sono solto até três horas da tarde!

MACÁRIO

Como?

A MULHER

Nem ceou – aposto: nem ceou. A vela ardeu toda. Ora vejam como podia pegar fogo na casa! Pegou no sono, comendo decerto!

MACÁRIO

Esta é melhor! Pois aqui não esteve ninguém ontem comigo?

A MULHER

Pela fé de Cristo! ninguém.

MACÁRIO

Pois eu não saí daqui de noite, alta noite, na garupa de um homem de ponche vermelho e preto, porque meu burro tinha fugido para o sítio do Nhô Quito?

A MULHER

(*espantada, benzendo-se*)

Não, senhor! não ouvi nada... O burro está amarrado na baia. Comeu uma quarta de milho...

MACÁRIO

(*chega à janela*)

Como! Não choveu a cântaros esta noite? É singular! Eu era capaz de jurar que cheguei até a cidade, antes de meia-noite!

A MULHER
(*benzendo-se*)

Se não foi por artes do diabo, o senhor estava sonhando.

MACÁRIO

O diabo! (*dá uma gargalhada à força*) Ora, sou um pateta! Qual diabo, nem meio diabo! Dormi comendo, e sonhei nestas asneiras!... Mas que vejo! (*olhando para o chão*) Não vês?

A MULHER

O que é? Ai! ai! uns sinais de queimado aí pelo chão! Cruz! Cruz! minha Nossa Senhora de S. Bernado!... É um trilho de um pé...

MACÁRIO

Tal e qual um pé...

A MULHER

Um pé de cabra... um trilho queimado... Foi o pé do diabo! o diabo andou por aqui!

SEGUNDO EPISÓDIO

Na Itália

(*Um vale, montanhas à esquerda. – Um rio torrentoso à direita. – No caminho uma mulher sentada no chão acalenta um homem com a cabeça deitada no seu regaço.*)

MACÁRIO
(*cismando*)

Morrer! morrer! Quando o vinho do amor embebeda os sentidos, quando corre em todas as veias e agita todos os nervos... parece que esgotou-se tudo. Amanhã não pode ser tão belo como hoje. E acordar do sonho, ver desfeita uma ilusão! Nunca!... Olá, mulher, afasta-te do caminho. Quero passar.

A MULHER

Não o piseis não, ele dorme. Dorme... está cansado. Não vedes como está pálido? Coitado!

MACÁRIO

Sim: está pálido: não é o luar que o faz lívido. Eu o vejo. É teu amante? A lua que alveja tuas tranças grisalhas ri de teu amor. Messalina de cabelos brancos, quem apertas no seio emurchecido? Tão alta noite, quem é esse mancebo de cabelos negros que adormece no teu colo?... Como está pálido... Que testa fria... Mulher! louca mulher, quem acalentas é um cadáver.

A MULHER

Um defunto?... não... ele dorme: não vedes? É meu filho... Apanharam-no boiando nas águas levado pelo rio... Coitado! como está frio!... é das águas... Tem os cabelos ainda gotejantes... Diziam que ele morreu... Morrer! meu filho! é impossível... Não sabeis! ele é a minha esperança, meu sangue, minha vida. É meu passado de moça, meus amores de velha... Morrer ele? É impossível. Morrer? Como? Se eu ainda sinto esperanças, se ainda sinto o sangue correr-me nas veias, e a vida estremecer meu coração!

MACÁRIO

Velha! – estás doida.

A MULHER

Não morreu, não. Ele está dormindo. Amanhã há de acordar... Há muito tempo que ele dorme... Que sono profundo!... nem um ressonar! Ele foi sempre assim desde criança. Quando eu o embalava ao meu seio, ele às vezes empalidecia... que parecia um morto, tanto era pálido e frio!... Meu filho! Hei de aquentá-lo com meus beiços, com meu corpo...

MACÁRIO

Pobre mãe!

A MULHER

Falai mais baixo. Eu pedi ao vento que se calasse, ao rio que emudecesse... Não vedes? tudo é silêncio. Escuta: sabes tocar? Vai ver tua viola – e canta alguma cantiga da tua terra. Dizem que a música faz ter sonhos sossegados...

MACÁRIO

Sonhos! que sonhos soerguem teu lençol, ó leito da morte? (*passa adiante*) Esta mulher está doida. Este moço foi banhar-se na torrente, e afogou-se. Eu vi carregarem seu cadáver úmido e gelado. Pobre mãe! embala-o nu e macilento no seu peito, crendo embalar a vida. Louca!... Feliz talvez! quem sabe se a ventura não é a insânia?

(*Mais longe sentado num rochedo à beira do rio está* PENSEROSO *cismando.*)

PENSEROSO

É alta noite. Disseram-me ainda agora que eram duas horas. É doce pensar ao clarão da lua quando todos dormem. A solidão tem segredos amenos para quem sente. O coração do mancebo é como essas flores pálidas que só abrem de noite, e que o sol murcha e fecha.

Tudo dorme. A aldeia repousa. Só além, junto das fogueiras os homens da montanha e do vale conversam suas saudades. Mais longe a toada monótona da viola se mistura à cantilena do sertanejo, ou aos improvisos do poeta singelo da floresta, alma ignorante e pura que só sabe das emoções do sentimento, e dos cantos que lhe inspira a natureza virgem de sua terra. O rio corre negro a meus pés, quebrando nas pedras sua escuma prateada pelos raios da lua que parecem gotejar dentre os arvoredos da margem. No silêncio sinto minha alma acordar-se embalada na redes moles do sonho. É tão doce o sonhar para quem ama!... No que estará ela pensando agora? Cisma, e lembra-se de mim? Dorme e sonha comigo? Ou encostada na sua janela ao luar sente uma saudade por mim?

MACÁRIO
(*passando*)

Penseroso! Boa noite, Penseroso! Que imaginas tão melancólico?

PENSEROSO

Boa noite, Macário. Onde vais tão sombrio?

MACÁRIO
(*sombrio*)

Vou morrer.

PENSEROSO

Eu sonhava em amor!

MACÁRIO

E eu vou morrer!

PENSEROSO

Tu brincas. Vi um sorriso nos teus lábios.

MACÁRIO

É um sorriso triste, não? Eu to juro pela alma de minha mãe, vou morrer.

PENSEROSO

Morrer! tão moço! E não tens pena dos que chorarão por ti? daquelas pobres almas que regarão de lágrimas ardentes teu rosto macilento, teu cadáver insensível?

MACÁRIO

Não; não tenho mãe. Minha mãe não me embalará endoidecida entre seus joelhos, pensando aquentar com sua febre de louca o filho que dorme. Ninguém chorará. Não tenho mãe.

PENSEROSO

Pobre moço! não amas!

MACÁRIO

Amo – amo sim. Passei toda esta noite junto ao seio de uma donzela, pura e virgem como os anjos.

PENSEROSO

Que tens? Cambaleias. Estás ébrio?

MACÁRIO

Ébrio sim – ébrio de amor – de prazer. Aquela criança inocente embebedou-me de gozo. Que noite! Parece que meu corpo desfalece. E minh'alma absorta de ternura só tem um pensamento – morrer!

PENSEROSO

Amar e não querer viver!

MACÁRIO

Ela é muito bela. Eu vivi mais nesta noite que no resto de minha vida. Um mundo novo se abriu ante mim. Amei.

PENSEROSO

Não é verdade que a mulher é um anjo?

MACÁRIO

Sim – é um anjo que nos adormece, e nos seus braços nos leva a uma região de sonhos de harmonias desconhecidas. Sua alma se perde conosco num infinito de amor, como essas aves que voam à noite, e se mergulham no seio do mistério.

PENSEROSO

A mulher! Oh! se todos os homens as entendessem! Essas almas divinas são como as fibras harmoniosas de uma rabeca. O ignorante não arranca delas um som melodioso... embalde suas mãos grosseiras revolvem e apertam o arco sobre elas – embalde! somente sons ásperos ressoam. Mas que a mão do artista as vibre, que a alma do músico se derrame nelas, e do instrumento grosseiro do mendigo ignorante, ou do cego vagabundo, como do *stradivarius* divino, exalam-se ais, vozes humanas, suspiros e acentos entrecortados de lágrimas.

MACÁRIO

Oh! sim! Se na vida há uma coisa real e divina é a arte – e na arte se há um raio do céu é na música. Na música que nos vibra as cordas da alma, que nos acorda da modorra da existência a alma embotada. Oh! é tão doce sentir a voz vaporosa que trina, que nos enleva – e que parece que nos faz desfalecer, amar, e morrer!

PENSEROSO

E é tão doce amar! Eu amei, eu amo muito. Sabe Deus as noites que me ajoelho pensando nela!... A brisa bebe meus suspiros, e minhas lágrimas silenciosas e doces orvalham meu rosto.

MACÁRIO

Oh! o amor! e por que não se morre de amor! Como uma estrela que se apaga pouco a pouco entre perfumes e nuvens cor-de-rosa, por que a vida não desmaia e morre num beijo de mulher? Seria tão doce inanir e morrer sobre o seio da amante enlanguescida! No respirar indolente de seu colo confundir um último suspiro!

PENSEROSO

Amar de joelhos, ousando a medo nos sonhos roçar de leve num beijo os cílios dela, ou suas tranças de veludo! Ousando a medo suspirar seu nome! Esperando a noite muda para contá-lo à lua vagabunda!

MACÁRIO

Morrer numa noite de amor! Rafael no seio de sua Fornarina... Nos lábios perfumados da Italiana, adormecer sonolento... dormir e não acordar!

PENSEROSO

Que tens? Estás fraco. Senta-te junto de mim. Repousa tua cabeça no meu ombro. O luar está belo, e passaremos a noite conversando em nossos sonhos e nossos amores...

MACÁRIO

(*desfalecendo*)

Tudo se escurece... Não sentes que tudo anda à roda?... Que vertigem... Dá-me tua mão!... Sim. Enxuga minha fronte. Que suor!

PENSEROSO

Como estás abatido... Como empalideces! Ah! Como resvalas... Que tens, meu amigo?

MACÁRIO

Se eu pudesse morrer! (*desmaia*)

(*Satã entra.*)

SATÃ

Que loucura! Esse desmaio veio a tempo: seria capaz de lançar-se à torrente. Porque amou, e uma bela mulher o embriagou no seu seio, querer morrer! (*carrega-o nos braços*)

Vamos... E como é belo descorado assim! com seus cabelos castanhos em desordem, seus olhos entreabertos e úmidos, e seus lábios feminis! Se eu não fora Satã eu te amaria, mancebo... (*vai levá-lo*)

PENSEROSO

Quem és tu? Deixa-o... eu o levarei.

SATÃ

Quem eu sou? que te importa? Vou deitá-lo num leito macio. Daqui a pouco seu desmaio passará. É um efeito do ar frio da noite sobre uma cabeça infantil ardente de febre. Adeus, Penseroso.

PENSEROSO

Quem és tu, desconhecido, que sabes meu nome?

Macário e Satã

MACÁRIO

Tenho tédio, Satã! Aborreces-me como se aborrecem as amantes esquecidas.

SATÃ

Tens cartas aí? Joguemos. Que queres? a ronda, a barca, o *lasquenet*?

MACÁRIO

Sou infeliz no jogo. Queimo-me e perco. Quando aposto e perco, tenho desejos de atirar com as cartas à cara do banqueiro.

SATÃ

Pois eu jogo, perco e gosto de jogar. É que somos como Adão e Eva, *os ex ossibus, caro ex carne*. A propósito de jogo, queres que te conte uma história?

MACÁRIO

Mentirosa ou verdadeira?

SATÃ

É o que não importa: nem mais nem menos que as *Mil e Uma Noites*. Um dia deu-me a lua para virar a cabeça de uma moça. Meti-me no paletó de um mancebo; pálido, alumiado de seus sonhos de poeta, transbordando de orgulho – no mais nem feio nem bonito, tinha olhos pardos, o cabelo longo em anéis e a barba luzente como cetim. O moço tinha uma amante. Era uma moça bonita, morena, de olhos muito lânguidos e muito úmidos; o que tinha de mais melindroso era a boquinha de rosa e mãozinhas as mais suaves do mundo.

MACÁRIO

Tua história é velha como o dilúvio. É difusa como um folhetim.

SATÃ

Estás maçante como Falstaff bêbado. Não importa. Quero alegrar-te um pouco. A história é divertida. Podia-se bem torneá-la num volume em 8° com estampas e retrato de autor, com a competente carta – prólogo de moda. – Mas escuta: sou mais fiel que os Sermonistas, *serei breve* o mais possível. – Ora, a amante tinha uma irmã. Pálida e suave como a mais bela das amantes de Filipe II – era o retrato vivo da Calderona. Eram aquelas pálpebras rasgadas à Espanhola, uns olhos negros cheios de fogo meridional, o seio adormecido. Acrescenta a essa imagem que a moça era virgem como um botão de rosa... Fazia sonhar a amante do rei quando seminua sentada sobre as bordas do leito, repousando a mão sobre a face, sentia as lágrimas do amor e da saudade banharem-lhe os olhos ao luar. Isto que te digo o moço o pensou. Foi um nunca findar de versos, de passeios românticos pelos vales, pelas encostas das montanhas, um inteiro viver e morrer por ela, como ele o dizia nalgum soneto... Vês que torno-me poético... Quando vi o moço com a cabeça tonta, revolvendo-se pálido nos seus delírios esperançosos, à fé de bom Diabo que sou, interessei-me por ele. Demais, pareciam morrer um pelo outro. Os apertos de mão a furto, os olhares cheios de languidez, tudo isso parece que azoinou a mente virginal da donzela. – Uma noite na sombra, a medo beijaram-se. Aquele beijo tinha amor e loucura nos lábios. O moço perdeu-se de amor. Escreveu-lhe uma carta: transbordou aí todas as suas poesias, toda a febre de seu devaneio. Não te rias, é d'estilo, Macário. O que há de mais sério e risível que o amor? As falas de Romeu ao luar, os suspiros de Armida, os sonetos de Petrarca tomados ao sério dão desejos de gargalhar...

A partida estava proposta, as paradas feitas, e eu para assegurar o jogo tinha chumbado os dados. Era de apostar a minha cabeça contra a de um santo, todas as mulheres belas da terra por uma bruxa.

MACÁRIO

Adivinho – ganhaste?

SATÃ

Que sofreguidão! Não contava com o anjo da guarda da moça. Fez umas cócegas na criancice da virgem, e lá se vai ela toda chorosa levar a carta à irmã... O tal anjo que sabia orelhar a sua sota bifou-me o jogo, velhaqueou com o velhaco, surripiou os dados, e numa risada inocente chuleou-me a parada.

MACÁRIO

Pobre moça!

SATÃ

E o rapaz que perdeu as suas ilusões... Mas quero desforra.

MACÁRIO

Desforra? tomas duas vezes.

SATÃ

É doloroso. Mas o mundo é do diabo, assim como o céu dos tolos. Falam de convento. Querem cortar os cabelos negros da moça e cosê-la na mortalha da freira. Ora pois, se consigo ao mesmo tempo virar a cabeça da moça e da freira, mandar o anjo limpar a mão à parede, as Santas que lhe peguem com um trapo quente. Demais a partida começou.

MACÁRIO

E ela quer?

SATÃ

Isso de mulheres, nem eu, que sou o Diabo, as entendo. Quem entende o vento, as ondas e o murmurar das folhas? A mulher é um elemento. A Santa mais santa, a virgem mais pura, há instantes em que se daria a Quasímodo; e Messalina era capaz de enjeitar Romeu ou Don Juan. Mas enfim... Macário?

MACÁRIO
(*dormindo*)

Hum!

SATÃ

Dorme como um cão. Boa noite, minha criança. Vou fazer uma visita a uma bela da vizinhança que anda regateando o que lhe resta de alma para ser moça três dias. – Até lá dará meia-noite.

Macário, Penseroso

MACÁRIO

Que idéia rola no teu cérebro inflamado, meu poeta... Como um ramo despido de folhas que se dobra ao peso de um bando de aves da noite, por que tua cabeça se inclina ao peso dos pensamentos?

PENSEROSO

E contudo eu amei-a! eu amei tanto... Sagrei-a no fundo de minha alma a rainha das fadas, e ressumbrei nela o anjo misterioso que me havia conduzido adormecido no seu batel mágico a um mundo maravilhoso de amores divinos. Se fui poeta, se pedi a Deus os delírios da inspiração, foi para encantar com seu nome as cordas douradas do alaúde, para votar nos seus joelhos as páginas de ouro de meus poemas, e semear o seu caminho dos louros da minha glória!

MACÁRIO

Oh! acordar como Julieta com seu Romeu pálido no seio, com a cabeça romântica ainda dourada do último reflexo do crepúsculo da vida, acordar dos sonhos de noiva no sudário da morte, com os goivos murchos dos finados na fronte em vez da coroa nupcial cheirosa da amante de Romeu! Apertá-lo embalde ao seio ardente, banhar-lhe de lágrimas de fogo as faces pálidas, e de beijos os lábios frios, e procurar-lhe insana pelos lábios um derradeiro assomo de vida ou uma gota de veneno para ela. É duro, é triste! é um caso que merece as lágrimas mais doloridas dos olhos. – Mas dói ainda mais fundo acordar dos sonhos esperançosos com o cadáver frio das esperanças sobre o peito! Pobre Penseroso! Amaste um instante que foi tua vida como Julieta e como Romeu e não tiveste a conversa ao luar no jardim de Capuleto, não tremeste nas falas amorosas da primeira noite de amor, e não soubeste que doces que são os beijos da longa despedida, e o pensar que não são as aves da manhã, mas o rouxinol do vale quem gorjeia nas romeiras, que o revérbero de luz branca nas nuvens do Oriente, e o apagar das estrelas não crepusculava o dia, e crer na vida em si e numa mulher com as mãos de uma pálida amante sobre o coração!

PENSEROSO

Por ela fui pedir à solidão os murmúrios, fui abrir meu coração aos hálitos moribundos do crepúsculo, ajoelhei-me junto das cruzes da montanha, e no sussurro das aves que adormeciam, no cintilar das primeiras estrelas da noite, na gaza transparente e purpurina que desdobrava seu véu luminoso por entre as sombras do vale em toda essa natureza bela que dormia fui escutar as vozes íntimas do amor, e meu peito acordou-se cantando e sonhando com ela!

MACÁRIO

Tenho pena de ti. Mas consola-te. Que valem as lágrimas insensatas? Todas elas são assim. Eu também chorei, mas como as gotas que porejam da abóbada escura das cavernas, essas lágrimas ardentes deixaram uma crosta de pedra no meu coração. Não chores. Vem antes comigo. Geórgio dá hoje uma ceia: uma orgia esplêndida como num romance. Teremos os vinhos da Espanha, as pálidas voluptuosas da Itália, e as Americanas morenas, cujos beijos têm o perfume vertiginoso das magnólias e o ardor do sangue meridional. Não há melhor túmulo para a dor que uma taça cheia de vinho ou uns olhos negros cheios de languidez.

PENSEROSO

Não – vai só. – Se tu soubesses no que eu penso e no que tenho pensado! Enquanto eu falo minha alma desvaria, e a minha febre devaneia. Sonhei sangue no peito dela, sangue nas minhas mãos, sangue nos meus lábios, no céu, na terra... em tudo! Pareceu-me que tremia nas escadas bambas do cadafalso... senti a risada amarela do homem da vingança... depois minha cabeça escureceu-se... Pensei no suicídio... Macário, Macário, não te rias de mim! como o vagabundo, que se debruça sobre um precipício sem fundo, senti a vertigem regelar meus cabelos hirtos e um suor de medo banhar minha fronte... tenho medo!... Sou um doido, Macário, eu o sei. Que longa vai essa noite! A lua avermelhada não lança luz no céu escuro:

nem a brisa no ar: é uma noite de verão, ardente como se a natureza também tivesse a febre que inflama meu cérebro!...

Numa sala

(*Sobre a mesa livros de estudo. PENSEROSO encostado na mesa. MACÁRIO fumando.*)

PENSEROSO

Li o livro que me deste, Macário. Li-o avidamente. Parece que no coração humano há um instinto que o leva à dor como o corvo ao cadáver. Aquele poema é frio como um cadáver. É um copo de veneno. Se aquele livro não é um jogo de imaginação, se o ceticismo ali não é máscara de comédia, a alma daquele homem é daquelas, mortas em vida, onde a mão do vagabundo podia semear sem susto as flores inodoras da morte.

MACÁRIO

E o ceticismo não tem a sua poesia?... O que é a poesia, Penseroso? Não é porventura essa comoção íntima de nossa alma com tudo que nos move as fibras mais íntimas, com tudo que é belo e doloroso?... A poesia será só a luz da manhã cintilando na areia, no orvalho, nas águas, nas flores, levantando-se virgem sobre um leito de nuvens de amor, e de esperança? Olha o rosto pálido daquele que viu como a Níobe morrerem uma por uma feridas pela mão fatal que escreveu a sina do homem, suas esperanças nutridas da alma e do coração – e dize-me se no riso amargo daquele descrido, se na ironia que lhe cresta os beiços não há poesia como na cabeça convulsa do Laocoonte. As dores do espírito confrangem tanto um semblante como aquelas da carne. Assim como se cobre de capelas de flores a cruz de uma cova abandonada, por que não derramar os goivos da morte no cemitério das ilusões da vida? A natureza é um concerto cuja harmonia só Deus entende, porque só ele ouve a música que todos os peitos exalam. Só ele combina o canto do corvo e o trinar do pintassilgo, as nênias do rouxinol e o uivar da fera noturna, o canto de amor da virgem na noite do noivado, e o canto de morte que na casa junta arqueja na garganta de um moribundo. Não maldigas a voz rouca do corvo – ele canta na impureza um poema desconhecido, poema de sangue e dores peregrinantes como a do bengalim é de amor e ventura! Fora loucura pedir vibrações a uma harpa sem cordas, beijos à donzela que morreu – fogo a uma lâmpada que se apaga. Não peças esperanças ao homem que descrê e desespera.

PENSEROSO

Macário! é ele tão velho, teve tantos cadáveres que apertar nos braços nas horas de despedida, que o seu sangue se gelasse, e seus nervos que não dormem precisassem do ceticismo, como Paganini do ópio para adormecer? Por que foi ele banhar sua fronte juvenil na vertigem dos gozos amaldiçoados? Com as mãos virgens por que vibrou o alaúde lascivo esquecido num canto do lupanar? É um livro imoral: por que esse moço entregou-se delirante a essa obra noturna de envenenamento? Não te rias, Macário – pobre daquele que não tem esperanças; porém maldito aquele que vai soprar as cinzas de sua esterilidade sobre a cabeça fecunda daquele que ainda era puro! O coração é um Oceano que o bafejar de um louco pode turvar, mas a quem só o hálito de Deus aplaca as tormentas.

Esperanças! e esse descrido não palpita de entusiasmo no rodar do carro do século, nos alaridos do progresso, nos hosanas do industrialismo laurífero? Não sente ele que tudo se move – que o século se emancipa – e a cruzada do futuro se recruta? Não sonha ele também com esse Oriente para onde todos se encaminham sedentos de amor e de luz?

Esperanças! e esse Americano não sente que ele é o filho de uma nação nova, não a sente o maldito cheia de sangue, de mocidade e verdor? Não se lembra que seus arvoredos gigantescos, seus Oceanos escumosos, os seus rios, suas cataratas, que tudo lá é grande e sublime? Nas ventanias do sertão, nas trovoadas do sul, no sussurro das florestas à noite não escutou nunca os prelúdios daquela música gigante da terra que entoa à manhã a epopéia do homem e de Deus? Não sentiu ele àquela sua nação infante que se embala nos hinos da indústria européia como Júpiter nas cavernas do Ida no alarido do Coribantes – tem futuro imenso?

Esperanças! não tê-las quando todos as têm! quando todos os peitos se expandem como as velas de uma nau, ao vento do futuro! Por que antes não cantou a sua América como Chateaubriand e o poeta de Virgínia, a Itália como a Mignon de Goethe, o Oriente como Byron, o amor dos anjos como Thomas Moore, o amor das virgens como Lamartine?

MACÁRIO

Muito bem, Penseroso. Agora cala-te: falas como esses Oradores de lugares-comuns que não sabem o que dizem. A vida está na garrafa de conhaque, na fumaça de um charuto de Havana, nos seios voluptuosos da morena. Tirai isso da vida – o que resta? Palavra de honra que é deliciosa a água morna de bordo de vossos navios! que têm um aroma saudável as máquinas de vossos engenhos a vapor! que embalam num *far niente* balsâmico os vossos cálculos de comércio! Não sabeis da vida. Acende esse charuto, Penseroso, fuma e conversemos.

Falas em esperanças. Que eternas esperanças que nada parem! o mundo está de esperanças desde a primeira semana da criação... e o que tem havido de novo? Se Deus soubesse do que havia de acontecer, não se cansara em afogar homens na água do dilúvio, nem mandar crucificar, macilenta e ensangüentada, a imagem de seu Cristo divino. O mundo hoje é tão devasso como no tempo da chuva de fogo de Sodoma. Falais na indústria, no progresso? As máquinas são muito úteis, concordo. Fazem-se mais palácios hoje, vendem-se mais pinturas e mármores – mas a arte – degenerou em ofício – e o gênio suicidou-se.

Enquanto não se inventar o meio de ter mocidade eterna, de poder amar cem mulheres numa noite, de viver de música e perfumes, e de saber-se a palavra mágica que fará recuar das salas do banquete universal o espectro da morte – antes disso pouco tereis adiantado.

Dizes que o mundo caminha para o Oriente. Não serei eu, nem o sonhador daquele livro que ficaremos no caminho. O harém, os cavalos da Arábia, o ópio, o hatchiz, o café de Moka, e o latakiá – são coisas soberbas!

A poesia morre – deixá-la que cante seu adeus de moribunda. – Não escutes essa turba embrutecida no plagiar e na cópia. Não sabem o que dizem esses homens que para apaixonar-se pelo canto esperam que o hosana da glória tenha saudado o cantor. São estéreis em si como a parasita*. Músicos – nunca serão Beethoven nem Mozart. Escritores – todas as suas garatujas não valerão um terceto do Dante. Pintores – nunca farão viver na tela uma carnação de Rubens ou erguer-se no fresco um fantasma de Miguel Ângelo. É a miséria das misérias! Como uma esposa árida tressuam e esforçam-se debalde para

---

* Cf. a edição de Homero Pires, o termo "parasita" aparece no feminino.

conceber. Todos os dias acordam de um sonho mentiroso em que creram sentir o estremecer do feto nas entranhas reanimadas.

Falam nos gemidos da noite no sertão, nas tradições das raças perdidas da floresta, nas torrentes das serranias, como se lá tivessem dormido ao menos uma noite, como se acordassem procurando túmulos, e perguntando como Hamlet no cemitério a cada caveira do deserto o seu passado.

Mentidos! Tudo isso lhes veio à mente lendo as páginas de algum viajante que esqueceu-se talvez de contar que nos mangues e nas águas do Amazonas e do Orenoco há mais mosquitos e sezões do que inspiração: que na floresta há insetos repulsivos, répteis imundos, que a pele furta-cor do tigre não tem o perfume das flores – que tudo isto é sublime nos livros, mas é soberanamente desagradável na realidade!

Escuta-me ainda. O autor deste livro não é um velho. Se não crê é porque o ceticismo é uma sina ou um acaso, assim como é às vezes um fato de razão. As cordas daquela lira foram vibradas por mãos de moço, mãos ardentes e convulsas de febre... talvez de inspiração...

Foi talvez um delírio, mas foi da cabeça e do coração que se exalaram aqueles cantos selvagens. Foi numa vibração nervosa, com o sangue a galopar-lhe febril pelas veias, com a mente ébria de seu sonho ou do seu pesadelo que ele cantou. Se as fibras da harpa desafinam, se a mão ríspida as estala, se a harpa destoa, é que ele não pensou nos versos quando pensava na poesia, é que ele cria e crê que a estância é uma roupa como outra – apenas, como o diz George Sand – a arte é um manto para as belezas nuas: é que ele preferira deixar uma estátua despida, a pespontar de ouro uma túnica de veludo para embuçar um manequim. É que ele pensa que a música do verso é o acompanhamento da harmonia das idéias, e ama cem vezes mais o Dante com sua versificação dura, os rasgos de Shakespeare com seus versos ásperos, do que os alexandrinos feitos a compasso de Sainte-Beuve ou Turquety.

PENSEROSO

Tudo isso nada prova. – É uma poesia, concordo – mas é uma poesia terrível. É um hino de morte sem esperança do céu, como o dos fantasmas de João Paulo Richter. É o mundo sem a luz, como no canto da Treva. É o ateísmo como na *Rainha Mab* de Shelley. Tenho pena daqueles que se embriagam com o vinho do ceticismo.

MACÁRIO

Amanhã pensarás comigo. Eu também fui assim. O tronco seco sem seiva e sem verdor foi um dia o arvoredo cheio de flores e de sussurro.

PENSEROSO

Não crer! e tão moço! Tenho pena de ti.

MACÁRIO

Crer? e no quê? No Deus desses sacerdotes devassos? desses homens que saem do lupanar quentes dos seios da concubina, com sua sotaina preta ainda alvejante do cotão do leito dela para ir ajoelhar-se nos degraus do templo! Crer no Deus em que eles mesmos não crêem, que esses ébrios profanam até do alto da tribuna sagrada?

PENSEROSO

Não falemos nisto. Mas o teu coração não te diz que se nutre de fé e de esperanças?

MACÁRIO

A filosofia é vã. É uma cripta escura onde se esbarra na treva. As idéias do homem o fascinam, mas não o esclarecem. Na cerração do espírito ele estala o crânio na loucura ou abisma-se no fatalismo ou no nada.

PENSEROSO

Não: não é o filosofismo que revela Deus. A razão do homem é incerta como a chama desta lâmpada: não a excites muito, que ela se apagará.

MACÁRIO

Só restam dois caminhos àquele que não crê nas utopias do filósofo. O dogmatismo ou o ceticismo.

PENSEROSO

Eu creio porque creio. Sinto e não raciocino.

MACÁRIO

Talvez seja a treva de meu corpo que escureça minh'alma. Talvez um anjo mau soprasse no meu espírito as cinzas sufocadoras da dúvida. Não sei. Se existe Deus, ele me perdoará se a minh'alma era fraca, se na minha noite lutei embalde com o anjo como Jacó, e sucumbi. – Quem sabe? – eis tudo o que há no meu entendimento. Às vezes creio, espero: ajoelho-me banhado de pranto, e oro; – outras vezes não creio, e sinto o mundo objetivo vazio como um túmulo.

PENSEROSO

Vê – o mundo é belo. A natureza estende nas noites estreladas o seu véu mágico sobre a terra, e os encantos da criação falam ao homem de poesia e de Deus. As noites, o sol, o luar, as flores, as nuvens da manhã, o sorriso da infância, até mesmo a agonia consolada e esperançosa do moribundo ungido que se volta para Deus. Tudo isso será mentira? As esperanças espontâneas, as crenças que um olhar de virgem nos infiltra, as vibrações unânimes das fibras sensíveis serão uma irrisão? O amor de tua mãe, as lágrimas do teu amor – tudo isso não te acorda o coração? Serás como essas harpas abandonadas cujas cordas rói a umidade e a ferrugem, e onde ninguém pode acordar uma harmonia? Por que estalaram? que dor profunda as rebentou? Quando tua alma ardente abria seus vôos para pairar sobre a vida cheia de amor, que vento de morte murchou-te na fronte a coroa das ilusões, apagou-te no coração o fanal do sentimento, e despiu-te das asas da poesia? Alma de guerreiro, deu-te Deus porventura o corpo inteiriçado do paralítico? Coração de Romeu, tens o corpo do lazarento ou a fealdade de Quasímodo? Lira cheia de músicas suspirosas, negou-te a criação cordas argentinas? Oh! não! abre teu peito e ama. Tu nunca viste uma tua ilusão gelar-se na fronte da amante morta, teu amor degenerar nos lábios de uma adúltera. Alma fervorosa, no orgulho de teu ceticismo não te suicides na atonia do desespero. A descrença é uma doença terrível: destrói com seu bafo corrosivo o aço mais puro: é ela quem faz de Rembrandt um avarento, de Bocage um libertino!... Para os peitos rotos, desenganados nos seus afetos mais íntimos, onde sepultam-se como cadáveres todas as crenças, para esses aquilo que se dá a todos os sepulcros, uma lágrima! Aquele que jogou sua vida como um perdulário, que eivou-se numa dor secreta, que sentiu cuspirem-lhe nas faces sublimes... esses que riam como Demócrito, duvidem como Pirron, ou durmam indiferentes no seu escárnio como Diógenes o cínico no seu tonel. A esses leva uma torrente profunda: revolvem-se na treva da descrença como Satã no infinito da perdição e do desespero! Mas nós, mas tu e eu que somos moços, que sentimos o futuro nas aspirações ardentes do peito, que temos a fé na cabeça e a poesia nos lábios, a nós o amor e a esperança: a nós o lago prateado da existência. Embalemo-nos nas suas águas azuis – sonhemos, cantemos e creiamos! Se o poeta da perdição dos anjos nos conta o crime da criatura divina, liba-nos da despedida do Éden o beijo de amor que fez dos dois filhos da terra uma criatura, uma alma cheia de futuro. Se na primeira página da história da passagem do homem sobre a terra há o cadáver de Abel, e o ferrete de Cain o anátema, – naquelas tradições ressoa o beijo de mãe de Eva pálida sobre os lábios de seu filho!

MACÁRIO

Ilusões! O amor – a poesia – a glória. – Ilusões! Não te ris tu comigo da glória, como eu rio dela? A glória! entre essa plebe corrupta e vil que só aplaude o manto do Tartufo e apedreja as estátuas mais santas do passado! Glória! Nunca te lembras do Dante, de Byron, de Chatterton o suicida? E Verner poeta, sublime e febril também, morto de ceticismo e desespero sob sua grinalda de orgia? Glória! São acaso os louros salpicados de lodo, manchados, descridos, cuspidos do poviléu, e que o futuro só consagra ao cadáver que dorme?

Escuta. Eu também amei. Eu também talvez possa amar ainda. Às vezes quando a mente se me embebe na melancolia, quando me passam n'alma sonhos de homem que não dorme, e que chamam poesia; eu sinto ainda reabrir-se o meu peito a amores de mulher. Parece que se aquela beleza de olhos e cabelos negros, de colo arquejante e flutuoso me deixasse repousar a cabeça sobre seu peito, eu poderia ainda viver e querer viver, e ter alento bastante para desmaiar ali na voluptuosidade pura de um espasmo, na vertigem de um beijo.

Mas o que me agita as fibras ainda é voluptuosidade – é o ademã de uma beleza lânguida, a sede insaciável do gozo.

São sonhos! sonhos, Penseroso! É loucura abrir tanto os véus do coração a essas brisas enlevadas que vêm tão sussurrantes de enleio, tão repassadas de aromas e beijos! É loucura talvez! E contudo quando o homem só vive deles, quando todas as portas se fecharam ao enjeitado – por que não ir bater na noite de febre no palácio da fada das imaginações? Põe a mão no meu coração. Tuas falas mo fizeram bater. Havia uma voz dentro dele que eu pensava morta, mas que estava só emudecida. Escuta-a. Há uma mulher em quem eu pensei noites e noites: que encheu minhas noites de insônia, meu sono de visões fervorosas, meus dias de delírio. Eu amei essa mulher. Eu a segui passo a passo na minha vida. Deitei-me na calçada da rua defronte de sua janela, para ouvir a sua voz, para entrevê-la a furto branca e vaporosa, para respirar o ar que ela bebia, para sentir o perfume de seus cabelos e ouvir o canto de seus lábios. Eu amei muito essa mulher. E por vê-la uma hora ao pé de mim – seminua – embora fosse adormecida – só por vê-la, e por beijá-la de leve – eu daria minha vida inteira ao nada. E essa mulher, essa mulher...

PENSEROSO

Que tem, fala...

MACÁRIO

Adeus, Penseroso. Eu pensei que tu me acordavas a vida no peito. Mas a fibra em que tocaste e onde foste despertar uma harmonia é uma fibra maldita, cheia de veneno e de morte. Adeus, Penseroso. Ai daquele a quem um verme roeu a flor da vida como a Werther! A descrença é a filha enjeitada do desespero. Fausto é Werther que envelheceu, e o suicídio da alma é o cadáver de um coração. O desfolhar das ilusões anuncia o inverno da vida.

PENSEROSO

Onde vais, onde vais?

MACÁRIO

Onde vou todas as noites. Vagarei à toa pelos campos até que o sono feche meus olhos e que eu adormeça na relva fria das orvalhadas da noite. Adeus.

A mesma sala

PENSEROSO

(*só, escreve*)

Não escreverei mais: não. Calarei o meu segredo e morrerei com ele.

Esqueceu tudo! tudo! Esqueceu as noites solitárias em que eu estava a sós com ela, com sua mão na minha, com seus olhos nos meus. Esqueceu! Deus lhe perdoe. E se eu morro por ela, seja ela feliz!

Mas por que mentia se ela se ria de mim? Por que aqueles olhares tão lânguidos, aqueles suspiros tão doces? Por que sua mão estremecia nas minhas e se gelava quando eu a apertava? Por que naquela noite fatal, quando eu a beijei, ela escondeu seu rosto de virgem nas mãos, e as lágrimas corriam por entre seus dedos, e ela fugiu soluçando? (*pensativo*)

Ela me não ama – é certo. Nunca, nunca ela me teve amor: a ilusão morreu... Oh! não morrerei com ela? Ontem falei com David sobre o suicídio. David declamou, repetiu o que dizem esses homens sem irritabilidade de coração, que julgam que as palavras provam alguma coisa. Eu sorri. David é feliz – ele sim, nunca amará – não há de sentir esse sentimento único e queimador absorver como uma casuarina toda seiva do peito, alimentar-se de todas as esperanças, todas as ambições, todos os amores da terra e do Céu, dos homens e de Deus, para fazer de tudo isso uma única essência, para transubstanciar tudo isso no amor de uma mulher! E depois, quando esse amor morrer, achando o peito vazio como o de um esqueleto, não terá ânimo para adormecer no seio da morte!

Eis aí o veneno. Ó minha terra! ó minha mãe! mais nunca te verei! Meu pai, meu santo pai! e tu, mãe de minha mãe que sentias por mim, cuja vida era uma oração por mim, que enxugavas tuas lágrimas nos teus cabelos brancos pensando no teu pobre neto! Adeus! Perdão! perdão!...

Creio que chorei. Tenho a face molhada. A dor me enfraqueceria? Não! não! Não há remédio. Morrerei.

Páginas de Penseroso

Se há um homem que cresse no futuro, fui eu. Tive confiança no orgulho de meu coração e no gênio que sentia na minha cabeça. Eu sinto-o, Deus me fez poeta. Esse mundo, a natureza, as montanhas, o eflúvio luminoso das noites de luar, tudo isso me acordava vibrações, me revelava no peito cordas que nunca escutei senão nos poetas divinos, que nunca senti no peito cavernoso e vazio dos outros homens. Sou rico, moço, morrerei pouco mais velho que o desgraçado Chatterton. E por todo o meu futuro, minhas glórias, toda essa ambição imensa, essa sede fogosa de uma alma que não se sacia com os prazeres de convenção da vida suntuosa dos palácios esplêndidos, e das aclamações da fama, eu só queria seu peito junto do meu – sua mão na minha. O andrajo do miserável não me doeria se eu tivesse o manto de ouro do seu amor.

Oh! ela não me entendeu! Não merecia tamanho amor. Tomei-a nua, fria e bruta como o escultor uma pedra de mármore – a visão que vesti com a gaze acetinada das minhas ilusões, a estátua que despertei do seio da matéria, não estava aí. Estava no meu coração e só nele. Fi-la bela, dessa beleza divina que Deus me ressumbrou na alma de poeta. Talvez é assim – mas assim mesmo eu morro por ela. – Amo-a como o pintor a sua Madona, como o escultor a sua Vênus, como Deus a sua criatura.

Era a única estátua da criação que se podia aviventar ao bafo ardente de meu peito. Não amei nunca outra mulher. Se o coração é um lírio que as paixões desfloram, sou ainda virgem; no deleite das minhas noites delirantes, tu o sabes, meu Deus, eu nunca amei!

E por que viver se o coração é morto? Se eu hoje dormisse sobre essa idéia, se eu pudesse adormecer no ócio e no tédio, seria isso ainda viver?

Viver era sentir, era amar, era crer que a ventura não é um sonho, e que eu tinha um leito de flores onde descansar da vida, onde eu pudesse crer que a glória, o futuro não valem um beijo de mulher!

Morrerei. – Não posso trazer no peito o cadáver de minhas ilusões, como a infanticida o remorso a lhe tremer nas entranhas. Há doenças que não têm cura. A tempestade é violenta, e o cansado marinheiro adormeceu no seio da morte. Antes isso que a lenta agonia do desespero, do que esse corvo da descrença e da ironia que rói as fibras ainda vivas como um cancro.

E seria contudo tão bela a vida se ela me amasse! Oh! por que me traiu... Por que embalou-me nos seus joelhos, nos acentos mágicos da música dos anjos da esperança, do amor, para lançar-me na treva erma desse desalento e dessa saudade eivada de morte!

Viveríamos tão bem! Era tão fácil minha ventura! Por esses rios imensos da minha terra há tantas margens viçosas e desertas, cheias de flores e de berços de verdura, de retiros amenos, onde as aves cantam na primavera eterna do nosso céu, e as brisas suspiram tão docemente nas tardes purpurinas! Seríamos sós – sós – e essa solidão nós a povoaríamos com o mundo angélico do nosso amor! Nos crepúsculos de verão eu a levaria pelas montanhas a embriagarse de vida nos aromas da terra palpitante, pelos vales ainda úmidos de orvalho e ao tom das águas sem pensar na vida, pensando só que o amor é o ouro dos rochedos brancos da existência, a estrela dos céus misteriosos, a palavra sacramental e mágica que rompe as cavernas do infinito e da ventura! Oh! deitado nos seus joelhos, ouvindo sua voz misturar-se ao silêncio do deserto, vendo sua face mais bela no véu luminoso e pálido do luar, como seria doce viver! Era assim que eu esperava amar, era assim que eu podia morrer sem saudades da vida, suspirando de amor! Sou um doido, meu Deus! Por que mergulhar mais o meu coração nessa lagoa venenosa das ilusões? Quero ter ânimo para morrer. Estalou-se nas minhas mãos o último ramo que me erguia sobre o abismo. Para que sonhar mais o que é impossível?

É ainda um sonho o que vou escrever.

Eu sonhei esta noite – e sonhei com ela. – Era meio-dia na floresta. A sombra caía no ar calmoso ....

....

....

....

Uma rua

PENSEROSO
(*passando*)

Tenho febre. É o efeito do veneno? Para que obre melhor tenho-o tomado aos poucos. Tenho às vezes estremecimentos que me gelam. Sinto um fogo no estômago – e as veias do meu cérebro parecem queimar o meu crânio e inundá-lo de sangue fervente. A cabeça me dói: às vezes parece-me que os ossos do meu crânio estalam – a minha vista se escurece e meus nervos tremem – meu coração parece abafado e palpita ansioso – a respiração me custa. Oh! custa tanto morrer!

O DOUTOR LÁRIUS
(*passando a cavalo*)

Penseroso! Penseroso! Onde vais tão pálido?

PENSEROSO

Doutor, bom dia. Acha-me pálido?

O DOUTOR

Como tua mão está ardente! Como tua testa queima! Tens febre, Penseroso.

PENSEROSO

Tenho febre, não é assim? Ponha a mão no meu coração, veja como bate!

O DOUTOR

Como teu peito está úmido de suor! Como

pulsa teu coração! Penseroso! Penseroso! o que tens, meu amigo?

PENSEROSO

O que tenho? não tenho nada – absolutamente nada. Adeus, doutor.

O DOUTOR

Onde vais? O sol está ardente, e tens febre. Descansemos aqui na sombra. Ou então vamos para casa e deita-te.

PENSEROSO

Sim. Adeus, doutor. (*vai-se apressado*)

O DOUTOR

Penseroso! Penseroso!

Uma sala

(*Num canto da sala, junto do piano, PENSEROSO só com a ITALIANA. Ouve-se o falar confuso partindo de outros lados da sala. Risadas, murmúrios de homens e mulheres que conversam.*)

PENSEROSO

Adeus, senhora: eu me vou. Adeus, mas ao menos dai-me um olhar de compaixão para que se eu morrer de abandono, não morra sem uma bênção; – e o vosso olhar é uma bênção!

A Italiana

Que dizeis, senhor Penseroso?

Penseroso

Sim – não me entendeis: eu não sou um insensato. Pobre daquele a quem não compreendem!

A Italiana

Por que o dizeis? não vos prometi a minha mão? Por quem se espera no altar? É por mim? Não, Penseroso, é pela vontade de teu pai... Não te dei eu minha alma, assim como te darei meu corpo?

Penseroso

Ó virgem! se acaso um só momento de tua vida tu consagraste um suspiro ao desgraçado, se um só momento tu o amaste, – ah! que Deus em paga desse instante te dê um infinito de ventura!

A Italiana

Penseroso! Que tens? Nunca te vi assim. Eras pensativo e estás sombrio. Eras melancólico e estás triste. Que tens, que me não confias? Não sou eu tua noiva?

Penseroso

Ó senhora! Se uma eternidade se pode comprar por um sonho, o sonho que me embalou na minha existência bem valera ser comprado por uma eternidade!

A ITALIANA

O teu sonho é o meu – é o nosso amor – a minha vida por ti, a tua vida por mim: nós dois formando um único ser, uma única alma, um mundo de delícias e de mistério só para nós e por nós!

PENSEROSO

Oh! sonhar e acordar!

A ITALIANA

Então...

PENSEROSO

Meu Deus! meu Deus! perdoai-me. Adeus! adeus! (*com os olhos em lágrimas*) Quem sabe se não será para sempre? (*sai*)

A ITALIANA
(*empalidecendo*)

Para sempre? Ah!

O quarto de Penseroso

PENSEROSO
(*só*)

Ela me não ama. Que importa? eu lho perdôo. Perdôo a leviandade daquela criança pura e santa que me leva ao suicídio... Oh! se eu pudesse vê-la ainda!

Passei toda a noite pelo campo que se estende junto à casa dela. Vi as luzes apagarem-se uma por uma. Só o quarto dela ficara iluminado. Havia de ser muito tarde quando a luz se apagou. Pareceu-me ver ainda depois uma imagem branca encostada na janela...

Coitada! ela não sabe que eu estava ali, a seus pés, com o desespero n'alma, e o veneno no peito, cheio de desejos e de morte, cheio de saudades e de desesperança!

Vaguei toda a noite. Quando acordei estava muito longe. Assentei-me à borda do caminho. A meus pés se estendia o precipício coberto de ervaçal...

À direita, longe numa lagoa saíam os primeiros raios do dia. O orvalho reluzia nas folhas das árvores antigas do caminho, em cuja sombra imensa acordavam os passarinhos cantando...

Perdoai-me, meu Deus! talvez seja uma fraqueza o suicídio – por que será um crime ao pobre louco sacrificar os seus sonhos da vida?

....

Este cordão de cabelos quero que seja entregue a ela: são cabelos de minha mãe – de minha mãe que morreu. Trouxe-os sempre no meu peito. Quero que ela os beije às vezes e lembre-se de mim ....

....

Esse amor foi uma desgraça. Foi uma sina terrível. Ó meu pai! ó minha segunda mãe! ó meus anjos! meu céu! minhas campinas! É tão triste morrer!...

....

Ah! que dores horríveis! tenho fogo no estômago... Minha cabeça se sufoca... Ar! ar! preciso de ar... Eu te amei, eu te amei tanto!... (*desmaia*)

HUBERTO
(*entrando*)

Penseroso! Que tens? Que convulsão! Ah! é uma agonia! Depressa, depressa, chamem alguém... O Dr. Lárius... Ó meus companheiros, socorrei nosso amigo... Penseroso morre! David! David! onde está David?

UMA VOZ

Está caçando.

HUBERTO

E Macário, onde está também?

A VOZ

Tomou ontem uma bebedeira. Está ébrio como uma cabra.

À porta de uma taverna

(*MACÁRIO vai saindo e encontra SATÃ.*)

SATÃ

Onde vais?

MACÁRIO

Sempre tu, maldito!

SATÃ

Onde vais? Sabes de Penseroso?

MACÁRIO

Vou ter com ele.

SATÃ

Vai, doido, vai! que chegarás tarde! Penseroso morreu.

MACÁRIO

Mataram-no!

SATÃ

Matou-se.

MACÁRIO

Bem.

SATÃ

Vem comigo.

MACÁRIO

Vai-te.

SATÃ

És uma criança. Ainda não saboreaste a vida e já gravitas para a morte. O que te falta? Ouro em rios? eu to darei. Mulheres? tê-las-ás, virgens, adúlteras ou prostitutas... – O amor? dar-te-ei donzelas que morram por ti, e realizem na tua fronte os sonhos de seu histerismo... Que te falta?

MACÁRIO

Vai-te, maldito...

SATÃ

(*afastando-se*)

Abrir a alma ao desespero é dá-la a Satã. Tu és meu. Marquei-te na fronte com meu dedo. Não te perco de vista. Assim te guardarei melhor. Ouvirás mais facilmente minha voz partindo de tua carne que entrando pelos teus ouvidos.

Uma rua

(*MACÁRIO e SATÃ de braços dados.*)

SATÃ

Estás ébrio? Cambaleias.

MACÁRIO

Onde me levas?

SATÃ

A uma orgia. Vais ler uma página da vida; cheia de sangue e de vinho – que importa?

MACÁRIO

É aqui, não? Ouço vociferar a saturnal lá dentro.

SATÃ

Paremos aqui. Espia nessa janela.

MACÁRIO

Eu vejo-os. É uma sala fumacenta. À roda da mesa estão sentados cinco homens ébrios. Os mais revolvem-se no chão. Dormem ali mulheres desgrenhadas, uma lívidas, outras vermelhas... Que noite!

SATÃ

Que vida! não é assim? Pois bem! escuta, Macário. Há homens para quem essa vida é mais suave que a outra. O vinho é como o ópio, é o Letes do esquecimento... A embriaguez é como a morte...

MACÁRIO

Cala-te. Ouçamos.

NOITE NA TAVERNA

How now, Horatio? you tremble, and look pale:
Is not this something more than fantasy?
What think you on't?
HAMLET, Ato I.

JOB STERN

UMA NOITE DO SÉCULO

I

> *Bebamos! nem um canto de saudade!*
> *Morrem na embriaguez da vida as dores!*
> *Que importam sonhos, ilusões desfeitas?*
> *Fenecem como as flores!*
>
> JOSÉ BONIFÁCIO.

– Silêncio! moços! acabai com essas cantilenas horríveis! Não vedes que as mulheres dormem ébrias, macilentas como defuntos? Não sentis que o sono da embriaguez pesa negro naquelas pálpebras onde a beleza sigilou os olhares da volúpia?

– Cala-te, Johann! enquanto as mulheres dormem e Arnold – o loiro – cambaleia e adormece murmurando as canções de orgia de Tieck, que música mais bela que o alarido da saturnal? Quando as nuvens correm negras no céu como um bando de corvos errantes, e a lua desmaia como a luz de uma lâmpada sobre a alvura de uma beleza que dorme, que melhor noite que a passada ao reflexo das taças?

– És um louco, Bertram! não é a lua que lá vai macilenta: é o relâmpago que passa e ri de escárnio às agonias do povo que morre, aos soluços que seguem as mortualhas do cólera!

– O cólera! e que importa? Não há por ora vida bastante nas veias do homem? não borbulha a febre ainda às ondas do vinho? não reluz em todo o seu fogo a lâmpada da vida na lanterna do crânio?

– Vinho! vinho! Não vês que as taças estão vazias e bebemos o vácuo, como um sonâmbulo?

– É o Fichtismo na embriaguez! Espiritualista, bebe a imaterialidade da embriaguez!

– Oh! vazio! meu copo está vazio! Olá taverneira, não vês que as garrafas estão esgotadas? Não sabes, desgraçada, que os lábios da garrafa são como os da mulher: só valem beijos enquanto o fogo do vinho ou o fogo do amor os borrifa de lava?

– O vinho acabou-se nos copos, Bertram, mas o fumo ondula ainda nos cachimbos! Após os vapores do vinho os vapores da fumaça! Senhores, em nome de todas as nossas reminiscências, de todos os nossos sonhos que mentiram, de todas as nossas esperanças que desbotaram, uma última saúde! A taverneira aí nos trouxe mais vinho: uma saúde! O fumo é a imagem do idealismo, é o transunto de tudo quanto há mais vaporoso naquele espiritualismo que nos fala da imortalidade da alma! e pois, ao fumo das Antilhas, à imortalidade da alma!

– Bravo! bravo!

Um *urrah* tríplice respondeu ao moço meio ébrio.

Um conviva se ergueu entre a vozeria: contrastavam-lhe com as faces de moço as rugas da fronte e a rouxidão dos lábios convulsos. Por entre os cabelos prateava-se-lhe o reflexo das luzes do festim. Falou:

– Calai-vos, malditos! a imortalidade da alma? pobres doidos! e porque a alma é bela, porque não concebeis que esse ideal possa tornar-se em lodo e podridão, como as faces belas da virgem morta, não podeis crer que ele morra? Doidos! nunca velada levastes porventura uma noite à cabeceira de um cadáver? E então não duvidaste que ele não era morto, que aquele peito e aquela fronte iam palpitar de novo, aquelas pálpebras iam abrir-se, que era apenas o ópio do sono que emudecia aquele homem? Imortalidade da alma! e por que também não sonhar a das flores, a das brisas, a dos perfumes? Oh! não mil vezes! a alma não é, como a lua, sempre moça, nua e bela em sua virgindade eterna! a vida não é mais que a reunião ao acaso das moléculas atraídas: o que era um corpo de mulher vai porventura transformar-se num cipreste ou uma nuvem de miasmas; o que era um corpo do verme vai alvejar-se no cálice da flor ou na fronte da criança mais loira e bela. Como Schiller o disse, o átomo da inteligência de Platão foi talvez para o coração de um ser impuro. Por isso eu vo-lo direi: se entendeis a imortalidade pela metempsicose, bem! talvez eu creia um pouco: – pelo Platonismo, não!

– Solfieri! és um insensato! o materialismo é árido como o deserto, é escuro como um túmulo! A nós frontes queimadas pelo mormaço do sol da vida, a nós sobre cuja cabeça a velhice regelou os cabelos, essas crianças frias! A nós os sonhos do espiritualismo!

– Archibald! deveras, que é um sonho tudo isso! No outro tempo o sonho da minha cabeceira era o espírito puro ajoelhado no seu manto argênteo, num oceano de aromas e luzes! Ilusões! a realidade é a febre do libertino, a taça na mão, a lascívia nos lábios, e a mulher seminua trêmula e palpitante sobre os joelhos.

– Blasfêmia! – e não crês em mais nada: teu ceticismo derribou todas as estátuas do teu templo, mesmo a de Deus?

– Deus! crer em Deus! sim como o grito íntimo o revela nas horas frias do medo – nas horas em que se tirita de susto e que a morte parece roçar úmida por nós! Na jangada do náufrago, no cadafalso, no deserto – sempre banhado de suor frio – do terror é que vem a crença em Deus! – Crer nele como a utopia do bem absoluto, o sol da luz e do amor, muito bem! Mas se entendeis por ele os ídolos que os homens ergueram banhados de sangue, e o fanatismo beija em sua inanimação de mármore de há cinco mil anos! não creio nele!

– E os livros santos?

– Miséria! quando me vierdes falar em poesia eu vos direi: aí há folhas inspiradas pela natureza ardente daquela terra como nem Homero as sonhou – como a humanidade inteira ajoelhada sobre os túmulos do passado mais nunca lembrará! Mas quando me falarem em verdades religiosas, em visões santas, nos desvarios daquele povo estúpido – eu vos direi – miséria! miséria! três vezes miséria! Tudo aquilo é falso – mentiram como as miragens do deserto!

– Estás ébrio, Johann! O ateísmo é a insânia como o idealismo místico de Schelling, o panteísmo de Spinosa o judeu, e o esterismo crente de Malebranche nos seus sonhos da visão em Deus. A verdadeira filosofia é o epicurismo. Hume bem o disse: o fim do homem é o prazer. Daí vede que é o elemento sensível quem domina. E pois ergamo-nos, nós que amarelecemos nas noites desbotadas de estudo insano, e vimos que a ciência é falsa e esquiva, que ela mente e embriaga como um beijo de mulher.

– Bem! muito bem! é um *toast* de respeito!

– Quero que todos se levantem, e com a cabeça descoberta digam-no: Ao Deus Pan da natureza, aquele que a antigüidade chamou Baco o filho das coxas de um Deus e do amor de uma mulher, e que nós chamamos melhor pelo seu nome – o vinho.

– Ao vinho! ao vinho!

Os copos caíram vazios na mesa.

– Agora ouvi-me, senhores! entre uma saúde e uma baforada de fumaça, quando as cabeças queimam e os cotovelos se estendem na toalha molhada de vinho, como os braços do carniceiro no cepo gotejante, o que nos cabe é uma história sanguinolenta, um daqueles contos fantásticos – como Hoffmann os delirava ao clarão dourado do Johannisberg!

– Uma história medonha, não, Archibald? falou um moço pálido que a esse reclamo erguera a cabeça amarelenta. Pois bem, dir-vos-ei uma história. Mas quanto a essa, podeis tremer a gosto, podeis suar a frio da fronte grossas bagas de terror. Não é um conto, é uma lembrança do passado.

– Solfieri! Solfieri! aí vens com teus sonhos!

– Conta!

Solfieri falou: os mais fizeram silêncio.

II
SOLFIERI

.... Yet one kiss on you pale clay
And those lips once so warm – my heart! my heart!
BYRON – *Cain*

Sabeis-lo. Roma é a cidade do fanatismo e da perdição: na alcova do sacerdote dorme a gosto a amásia, no leito da vendida se pendura o Crucifixo lívido. É um requintar de gozo blasfemo que mescla o sacrilégio à convulsão do amor, o beijo lascivo à embriaguez da crença!

Era em Roma. Uma noite a lua ia bela como vai ela no verão por aquele céu morno, o fresco das águas se exalava como um suspiro do leito do Tibre. A noite ia bela. Eu passeava a sós pela ponte de... As luzes se apagaram uma por uma nos palácios, as ruas se faziam ermas, e a lua de sonolenta se escondia no leito de nuvens. Uma sombra de mulher apareceu numa janela solitária e escura. Era uma forma branca. – A face daquela mulher era como de uma estátua pálida à lua. Pelas faces dela, como gotas de uma taça caída, rolavam fios de lágrimas.

Eu me encostei à aresta de um palácio. A visão desapareceu no escuro da janela e daí um canto se derramava. Não era só uma voz melodiosa: havia naquele cantar um como choro de frenesi, um como gemer de insânia: aquela voz era sombria como a do vento à noite nos cemitérios cantando a nênia das flores murchas da morte.

Depois o canto calou-se. A mulher apareceu na porta. Parecia espreitar se havia alguém nas ruas. Não viu a ninguém – saiu. Eu segui-a.

A noite ia cada vez mais alta: a lua sumira-se no céu, e a chuva caía às gotas pesadas: apenas eu sentia nas faces caírem-me grossas lágrimas de água, como sobre um túmulo prantos de orfão.

Andamos longo tempo pelo labirinto das ruas: enfim ela parou: estávamos num campo.

Aqui, ali, além eram cruzes que se erguiam de entre o ervaçal. Ela ajoelhou-se. Parecia soluçar: em torno dela passavam as aves da noite.

Não sei se adormeci: sei apenas que quando amanheceu achei-me a sós no cemitério. Contudo a criatura pálida não fora uma ilusão – as urzes, as cicutas do campo-santo estavam quebradas junto a uma cruz.

O frio da noite, aquele sono dormido à chuva, causaram-me uma febre. No meu delírio passava e repassava aquela brancura de mulher, gemiam aqueles soluços, e todo aquele devaneio se perdia num canto suavíssimo...

Um ano depois voltei a Roma. Nos beijos das mulheres nada me saciava: no sono da saciedade me vinha aquela visão...

Uma noite, e após uma orgia, eu deixara dormida no leito dela a condessa Barbora. Dei um último olhar àquela forma nua e adormecida com a febre nas faces e a lascívia nos lábios úmidos, gemendo ainda nos sonhos como na agonia voluptuosa do amor. – Saí. – Não sei se a noite era límpida ou negra – sei apenas que a cabeça me escaldava de embriaguez. As taças tinham ficado vazias na mesa: nos lábios daquela criatura eu bebera até a última gota o vinho do deleite...

Quando dei acordo de mim estava num lugar escuro: as estrelas passavam seus raios brancos entre as vidraças de um templo. As luzes de quatro círios batiam num caixão entreaberto. Abri-o: era o de uma moça. Aquele branco da mortalha, as grinaldas da morte na fronte dela, naquela tez lívida e embaçada, o vidrento dos olhos mal apertados... Era uma defunta!... e aqueles traços todos me lembraram uma idéia perdida... – Era o anjo do cemitério? Cerrei as portas da igreja, que, ignoro por quê, eu achara abertas. Tomei o cadáver nos meus braços para fora do caixão. Pesava como chumbo.

Sabeis a história de Maria Stuart degolada e o algoz, "do cadáver sem cabeça e o homem sem coração" como a conta Brantôme? – Foi uma idéia singular a que eu tive. Tomei-a no colo. Preguei-lhe mil beijos nos lábios. Ela era bela assim: rasguei-lhe o sudário, despi-lhe o véu e a capela como o noivo as despe à noiva. Era uma forma puríssima. Meus sonhos nunca me tinham evocado uma estátua tão perfeita. Era mesmo uma estátua: tão branca era ela. A luz dos tocheiros dava-lhe aquela palidez de âmbar que lustra os mármores antigos. O gozo foi fervoroso – cevei em perdição aquela vigília. A madrugada passava já frouxa nas janelas. Àquele calor de meu peito, à febre de meus lábios, à convulsão de meu amor, a donzela pálida parecia reanimar-se. Súbito abriu os olhos empanados. – Luz sombria alumiou-os como a de uma estrela entre névoa, – apertou-me em seus braços, um suspiro ondeou-lhe nos beiços azulados... Não era já a morte – era um desmaio. No aperto daquele abraço havia contudo alguma coisa de horrível. O leito de lájea onde eu passara uma hora de embriaguez me resfriava. Pude a custo soltar-me daquele aperto do peito dela... Nesse instante ela acordou...

Nunca ouvistes falar da catalepsia? É um pesadelo horrível aquele que gira ao acordado que emparedam num sepulcro; sonho gelado em que sentem-se os membros tolhidos, e as faces banhadas de lágrimas alheias sem poder revelar a vida!

A moça revivia a pouco e pouco. Ao acordar desmaiara. Embucei-me na capa e tomei-a nos braços coberta com seu sudário como uma criança. Ao aproximar-me da porta topei num corpo; abaixei-me – olhei; era algum coveiro do cemitério da igreja que aí dormira de ébrio, esquecido de fechar a porta...

Saí. – Ao passar a praça encontrei uma patrulha.

– Que levas aí?

A noite era muito alta – talvez me cressem um ladrão.

– É minha mulher que vai desmaiada...

– Uma mulher!... Mas essa roupa branca e longa? Serás acaso roubador de cadáveres?

Um guarda aproximou-se. Tocou-lhe a fronte – era fria.

– É uma defunta...

Cheguei meus lábios aos dela. Senti um bafejo morno. – Era a vida ainda.

– Vede, disse eu.

O guarda chegou-lhe os lábios: os beiços ásperos roçaram pelos da moça. Se eu sentisse o estalar de um beijo... o punhal já estava nu em minhas mãos frias...

– Boa noite, moço: podes seguir, disse ele.

Caminhei. – Estava cansado. Custava a carregar o meu fardo: e eu sentia que a moça ia despertar. Temeroso de que ouvissem-na gritar e acudissem-me corri com mais esforço...

Quando eu passei a porta ela acordou. O primeiro som que lhe saiu da boca foi um grito de medo...

Mal eu fechara a porta, bateram nela. Era um bando de libertinos meus companheiros que voltavam da orgia. Reclamaram que abrisse.

Fechei a moça no meu quarto – e abri.

Meia hora depois eu os deixava na sala bebendo ainda.

A turvação da embriaguez fez que não notassem minha ausência.

Quando entrei no quarto da moça vi-a erguida. Ria de um rir convulso como a insânia, e frio como a folha de uma espada. Trespassava de dor o ouvi-la.

Dois dias e duas noites levou ela de febre assim... Não houve sanar-lhe aquele delírio, nem o rir do frenesi. Morreu depois de duas noites e dois dias de delírio.

À noite saí – fui ter com um estatuário que trabalhava perfeitamente em cera – e paguei-lhe uma estátua dessa virgem.

Quando o escultor saiu, levantei os tijolos de mármore do meu quarto, e com as mãos cavei aí um túmulo. – Tomei-a então pela última vez nos braços, apertei-a a meu peito muda e fria, beijei-a e cobri-a adormecida do sono eterno com o lençol de seu leito. – Fechei-a no seu túmulo e estendi meu leito sobre ele.

Um ano – noite a noite – dormi sobre as lajes que a cobriam... Um dia o estatuário me trouxe a sua obra. – Paguei-lha e paguei o segredo...

Não te lembras, Bertram, de uma forma branca de mulher que entreviste pelo véu do meu cortinado? Não te lembras que eu te respondi que era uma virgem que dormia?

– E quem era essa mulher, Solfieri?

– Quem era? seu nome?

– Quem se importa com uma palavra quando sente que o vinho queima assaz os lábios? quem pergunta o nome da prostituta com quem dormia e que sentiu morrer a seus beijos, quando nem há dele mister por escrever-lho na lousa?

Solfieri encheu uma taça. – Bebeu-a. – Ia erguer-se da mesa quando um dos convivas tomou-o pelo braço.

– Solfieri, não é um conto isso tudo?

– Pelo inferno que não! por meu pai que era conde e bandido, por minha mãe que era a bela Messalina das ruas – pela perdição que não! Desde que eu próprio calquei aquela mulher com meus pés na sua cova de terra – eu vo-lo juro – guardei-lhe como amuleto a capela de defunta. – Ei-la.

Abriu a camisa, e viram-lhe ao pescoço uma grinalda de flores mirradas.

– Vedes-la? murcha e seca como o crânio dela!

III
BERTRAM

But why should I for others groan,
When none will sigh for me?
CHILDE HAROLD. I.

Um outro conviva se levantou.

Era uma cabeça ruiva, uma tez branca, uma daquelas criaturas fleugmáticas que não hesitaram ao tropeçar num cadáver para ter mão de um fim.

Esvaziou o copo cheio de vinho, e com a barba nas mãos alvas, com os olhos de verde-mar fixos, falou:

– Sabeis, uma mulher levou-me à perdição. Foi ela quem me queimou a fronte nas orgias, e desbotou-me os lábios no ardor dos vinhos e na moleza de seus beijos: quem me fez devassar pálido as longas noites de insônia nas mesas do jogo, e na doidice dos abraços convulsos com que ela me apertava o seio! Foi ela, vós o sabeis, quem fez-me num dia ter três duelos com meus três melhores amigos, abrir três túmulos àqueles que mais me amavam na vida – e depois, depois sentir-me só e abandonado no mundo, como a infanticida que matou o seu filho, ou aquele Mouro infeliz junto à sua Desdêmona pálida!

Pois bem, vou contar-vos uma história que começa pela lembrança desta mulher.

Havia em Cadiz uma donzela – linda daquele moreno das Andaluzas que não há vê-las sob as franjas da mantilha acetinada, com as plantas mimosas, as mãos de alabastro, os olhos que brilham e os lábios de rosa d'Alexandria – sem delirar sonhos delas por longas noites ardentes!

Andaluzas! sois muito belas! se o vinho, se as noites de vossa terra, o luar de vossas noites, vossas flores, vossos perfumes são doces, são puros, são embriagadores – vós ainda o sois mais! Oh! por esse eivar a eito de gozos de uma existência fogosa nunca pude esquecer-vos!

Senhores! aí temos vinho de Espanha, enchei os copos – à saúde das Espanholas!...

....

Amei muito essa moça, chamava-se Ângela. Quando eu estava decidido a casar-me com ela, quando após das longas noites perdidas ao relento a espreitar-lhe da sombra um aceno, um adeus, uma flor – quando após tanto desejo e tanta esperança eu sorvi-lhe o primeiro beijo – tive de partir da Espanha para Dinamarca onde me chamava meu pai.

Foi uma noite de soluços e lágrimas, de choros e de esperanças, de beijos e promessas, de amor, de voluptuosidade no presente e de sonhos no futuro... Parti. Dois anos depois foi que voltei: quando entrei na casa de meu pai, ele estava moribundo: ajoelhou-se no seu leito e agradeceu a Deus ainda ver-me: pôs as mãos na minha cabeça, banhou-me a fronte de lágrimas – eram as últimas – depois deixou-se cair, pôs as mãos no peito, e com os olhos em mim murmurou – Deus!

A voz sufocou-se-lhe na garganta: todos choravam.

Eu também chorava – mas era de saudades de Ângela...

Logo que pude reduzir minha fortuna a dinheiro pus-la no banco de Hamburgo, e parti para a Espanha.

Quando voltei Ângela estava casada, e tinha um filho...

Contudo meu amor não morreu! Nem o dela!

Muito ardentes foram aquelas horas de amor e de lágrimas, de saudades e beijos, de sonhos e maldições para nos esquecermos um do outro.

....

Uma noite, dois vultos alvejavam nas sombras de um jardim, as folhas tremiam ao ondear de um vestido, as brisas soluçavam aos soluços de dois amantes, e o perfume das violetas que eles pisavam, das rosas e madressilvas que abriam em torno deles era ainda mais doce perdido no perfume dos cabelos soltos de uma mulher...

Essa noite – foi uma loucura! foram poucas horas de sonhos de fogo! e quão breve passaram! Depois a essa noite seguiu-se outra, outra... e muitas noites as folhas sussurravam ao roçar de um passo misterioso, e o vento se embriagou de deleite nas nossas frontes pálidas...

Mas um dia o marido soube tudo: quis representar de Otelo com ela. Doido...

Era alta noite: eu esperava ver passar nas cortinas brancas a sombra do anjo. Quando passei, uma voz chamou-me. Entrei – Ângela com os pés nus, o vestido solto, o cabelo desgrenhado e os olhos ardentes tomou-me pela mão... Senti-lhe a mão úmida... Era escura a escada que subimos: passei a minha mão molhada pela dela por meus lábios. – Tinha saibo de sangue.

– Sangue, Ângela! De quem é esse sangue?

A Espanhola sacudiu seus longos cabelos negros e riu-se.

Entramos numa sala. Ela foi buscar uma luz, e deixou-me no escuro.

Procurei, tateando, um lugar para assentar-me: toquei numa mesa. Mas ao passar-lhe a mão senti-a banhada de umidade: além senti uma cabeça fria como neve e molhada de um líquido espesso e meio coagulado. Era sangue...

Quando Ângela veio com a luz, eu vi... Era horrível. O marido estava degolado.

Era uma estátua de gesso lavada em sangue... Sobre o peito do assassinado estava uma criança de bruços. Ela ergueu-a pelos cabelos... Estava morta também: o sangue que corria das veias rotas de seu peito se misturava com o do pai!

– Vês, Bertram, esse era o meu presente: agora será, negro embora, um sonho do meu passado. Sou tua e tua só. Foi por ti que tive força bastante para tanto crime... Vem, tudo está pronto, fujamos. A nós o futuro!

....

Foi uma vida insana a minha com aquela mulher! Era um viajar sem fim. Ângela vestira-se de homem: era um formoso mancebo assim. No demais ela era como todos os moços libertinos que nas mesas da orgia batiam com a taça dela. Bebia já como uma Inglesa, fumava como uma Sultana, montava a cavalo como um Árabe, e atirava as armas como um Espanhol.

Quando o vapor dos licores me ardia a fronte ela ma repousava em seus joelhos, tomava um bandolim e me cantava as modas de sua terra...

Nossos dias eram lançados ao sono como pérolas ao amor: nossas noites sim eram belas!

....

Um dia ela partiu: partiu, mas deixou-me os lábios ainda queimados dos seus, e o coração cheio do germe de vícios que ela aí lançara. Partiu. Mas sua lembrança ficou como o fantasma de um mau anjo perto de meu leito.

Quis esquecê-la no jogo, nas bebidas, na paixão dos duelos. Tornei-me um ladrão nas cartas, um homem perdido por mulheres e orgias, um espadachim terrível e sem coração.

....

Uma noite eu caíra ébrio às portas de um palácio: os cavalos de uma carruagem pisaram-me ao passar e partiram-me a cabeça de encontro à lájea. Acudiram-me desse palácio. Depois amaram-me: a família era um nobre velho viúvo e uma beleza peregrina de 18 anos. Não era amor decerto o que eu sentia por ela – Não sei o que foi – Era uma fatalidade infernal. A pobre inocente amou-me; e eu recebido como o hóspede de Deus sob o teto do velho fidalgo, desonrei-lhe a filha, roubei-a, fugi com ela... E o velho teve de chorar suas cãs manchadas na desonra de sua filha, sem poder vingar-se.

Depois enjoei-me dessa mulher. – A saciedade é um tédio terrível: – uma noite que eu jogava com Siegfried – o pirata, depois de perder as últimas jóias, dela, vendi-a.

A moça envenenou Siegfried logo na primeira noite, e afogou-se...

....

Eis aí quem eu sou: se quisesse contar-vos longas histórias do meu viver, vossas vigílias correriam breves demais...

Um dia – era na Itália – saciado de vinho e mulheres, eu ia suicidar-me. A noite era escura e eu chegara só na praia. Subi um rochedo: daí minha última voz foi uma blasfêmia, meu último adeus uma maldição... *meu último*, digo mal; porque senti-me erguido nas águas pelo cabelo.

Então na vertigem do afogo o anelo da vida acordou-se em mim. A princípio tinha sido uma cegueira – uma nuvem ante meus olhos, como aos daquele que labuta nas trevas. A sede da vida veio ardente: apertei aquele que me socorria: fiz tanto, em uma palavra, que, sem querê-lo, matei-o. Cansado do esforço desmaiei...

Quando recobrei os sentidos estava num escaler de marinheiros que remavam mar em fora. Aí soube eu que meu salvador tinha morrido afogado por minha culpa. Era uma sina, e negra; e por isso ri-me; ri-me, enquanto os filhos do mar choravam.

Chegamos a uma corveta que estava erguendo âncora.

O comandante era um belo homem. Pelas faces vermelhas caíam-lhe os crespos loiros onde a velhice alvejava algumas cãs.

Ele perguntou-me:

– Quem és?

– Um desgraçado que não pode viver na terra, e não deixaram morrer no mar.

– Queres pois vir a bordo?

– A menos que não prefirais atirar-me ao mar.

– Não o faria: tens uma bela figura. Levar-te-ei comigo. Servirás...

– Servir! – e ri-me: depois respondi-lhe frio: deixai que me atire ao mar...

– Não queres servir? queres então viajar de braços cruzados?

– Não: quando for a hora da manobra dormirei: mas quando vier a hora do combate ninguém será mais valente do que eu...

– Muito bem: gosto de ti, disse o velho lobo-do-mar. Agora que estamos conhecidos dize-me teu nome e tua história.

– Meu nome é Bertram. Minha história? Escutai: o passado é um túmulo! Perguntai ao sepulcro a história do cadáver! guarda o segredo... ele dir-vos-á apenas que tem no seio um corpo que se corrompe! tereis sobre a lousa um nome – e não mais!

O comandante franziu as sobrancelhas, e passou adiante para comandar a manobra.

O comandante trazia a bordo uma bela moça. Criatura pálida, parecera a um poeta o anjo da esperança adormecendo esquecido entre as ondas. Os marinheiros a respeitavam: quando pelas noites de lua ela repousava o braço na amurada e a face na mão, aqueles que passavam junto dela se descobriam respeitosos. Nunca ninguém lhe vira olhares de orgulho, nem lhe ouvira palavras de cólera: era uma santa.

Era a mulher do comandante.

Entre aquele homem brutal e valente, rei bravio no alto-mar, esposado, como os Doges de Veneza ao Adriático, à sua garrida corveta – entre aquele homem pois e aquela madona havia um amor de homem como o palpita o peito que longas noites abriu-se às luas do oceano solitário, que adormeceu pensando nela ao frio das vagas e ao calor dos trópicos, que suspirou nas horas de quarto, alta noite na amurada do navio, lembrando-a nos nevoeiros da cerração, nas nuvens da tarde... Pobres doidos! parece que esses homens amam muito! A bordo ouvi a muitos marinheiros seus amores singelos: eram moças loiras da Bretanha e da Normandia, ou alguma Espanhola de cabelos negros vista ao passar – sentada na praia com sua cesta de flores – ou adormecida entre os laranjais cheirosos – ou dançando o fandango lascivo nos bailes ao relento! Houve-as junto a mim muitas faces ásperas e tostadas ao sol do mar que se banharam de lágrimas...

Voltemos à história. – O comandante a estremecia como um louco – um pouco menos que a sua honra, um pouco mais que sua corveta.

E ela – ela no meio de sua melancolia, de sua tristeza e sua palidez – ela sorria às vezes quando cismava sozinha – mas era um sorrir tão triste que doía. Coitada!

Um poeta a amaria de joelhos. Uma noite – decerto eu estava ébrio – fiz-lhe uns versos. Na lânguida poesia, eu derramara uma essência preciosa e límpida que ainda não se poluíra no mundo...

Bofé que chorei quando fiz esses versos. Um dia, meses depois – li-os, ri-me deles e de mim e atirei-os ao mar... Era a última folha da minha virgindade que lançava ao esquecimento...

Agora, enchei os copos: o que vou dizer-vos é negro: é uma lembrança horrível, como os pesadelos no Oceano.

Com suas lágrimas, com seus sorrisos, com seus olhos úmidos, e os seios intumescidos de suspiros – aquela mulher me enlouquecia as noites. Era como uma vida nova que nascia cheia de desejos, quando eu cria que todos eles eram mortos como crianças afogadas em sangue ao nascer.

Amei-a: por que dizer-vos mais? Ela amoume também. Uma vez a luz ia límpida e serena sobre as águas – as nuvens eram brancas como um véu recamado de pérolas da noite – o vento cantava nas cordas. Bebi-lhe na pureza desse luar, ao fresco dessa noite mil beijos nas faces molhadas de lágrimas, como se bebe o orvalho de um lírio cheio. Aquele seio palpitante, o contorno acetinado apertei-os sobre mim...

O comandante dormia.

....

Uma vez ao madrugar o gajeiro assinalou um navio. Meia hora depois desconfiou que era um pirata...

Chegávamos cada vez mais perto. Um tiro de pólvora seca da corveta reclamou a bandeira. Não responderam. Deu-se segundo – nada. Então um tiro de bala foi cair nas águas do barco desconhecido como uma luva de duelo. O barco que até então tinha seguido rumo oposto ao nosso e vinha proa contra nossa proa virou de bordo e apresentou-nos seu flanco enfumaçado: um relâmpago correu nas baterias do pirata – um estrondo seguiu-se – e uma nuvem de balas veio morrer perto da corveta.

Ela não dormia, virou de bordo: os navios ficaram lado a lado. À descarga do navio de guerra o pirata estremeceu como se quisesse ir a pique.

....

O pirata fugia: a corveta deu-lhe caça: as descargas trocaram-se então mais fortes de ambos os lados.

Enfim o pirata pareceu ceder. Atracaram-se os dois navios como para uma luta. A corveta vomitou sua gente a bordo do inimigo. O combate tornou-se sanguento – era um matadouro: o chão do navio escorregava de tanto sangue: o mar ansiava cheio de escumas ao boiar de tantos cadáveres. Nesta ocasião sentiu-se uma fumaça que subia do porão. O pirata dera fogo às pólvoras... Apenas a corveta por uma manobra atrevida pôde afastar-se do perigo. Mas a explosão fez-lhe grandes estragos. Alguns minutos depois o barco do pirata voou pelos ares. Era uma cena pavorosa ver entre aquela fogueira de chamas, ao estrondo da pólvora, ao reverberar deslumbrador do fogo nas águas, os homens arrojados ao ar irem cair no oceano.

Uns a meio queimados se atiravam à água, outros com os membros esfolados e a pele a despegar-se-lhes do corpo nadavam ainda entre dores horríveis e morriam torcendo-se em maldições. A uma légua da cena do combate havia uma praia bravia, cortada de rochedos... Aí se salvaram os piratas que puderam fugir.

E nesse tempo enquanto o comandante se batia como um bravo, eu o desonrava como um covarde.

Não sei como se passou o tempo todo que decorreu depois. Foi uma visão de gozos malditos – eram os amores de Satã e de Eloá, da morte e da vida, no leito do mar.

Quando acordei um dia desse sonho, o navio tinha encalhado num banco de areia: o ranger da quilha a morder na areia gelou a todos... Meu despertar foi a um grito de agonia...

– Olá, mulher! taverneira maldita, não vês que o vinho acabou-se?

Depois foi um quadro horrível! Éramos nós numa jangada no meio do mar. Vós que lestes o *Don Juan,* que fizestes talvez daquele veneno a vossa Bíblia, que dormistes as noites da saciedade como eu, com a face sobre ele – e com os olhos ainda fitos nele vistes tanta vez amanhecer – sabeis quanto se côa de horror ante aqueles homens atirados ao mar, num mar sem horizonte, ao balouço das águas, que parecem sufocar seu escárnio na mudez fria de uma fatalidade!

Uma noite – a tempestade veio – apenas houve tempo de amarrar nossas munições... Fora mister ver o Oceano bramindo no escuro como um bando de leões com fome, para saber o que é a borrasca – fora mister vê-la de uma jangada à luz da tempestade, às blasfêmias dos que não crêem e maldizem, às lágrimas dos que esperam e desesperam, aos soluços dos que tremem e tiritam de susto como aquele que bate à porta do nada... E eu, eu ria: era como o gênio do ceticismo naquele deserto. Cada vaga que varria nossas tábuas descosidas arrastava um homem – mas cada vaga que me rugia aos pés parecia respeitar-me. Era um Oceano como aquele de fogo onde caíram os anjos perdidos de Milton – o cego: quando eles passavam cortando-as a nado, as águas do pântano de lava se apertavam: a morte era para os filhos de Deus – não para o bastardo do mal!

Toda aquela noite passei-a com a mulher do comandante nos braços. Era um himeneu terrível aquele que se consumava entre um descrido e uma mulher pálida que enlouquecia: o tálamo era o Oceano, a escuma das vagas era a seda que nos alcatifava o leito. Em meio daquele concerto de uivos que nos ia ao pé, os gemidos nos sufocavam: e nós rolávamos abraçados – atados a um cabo da jangada – por sobre as tábuas...

Quando a aurora veio, restávamos cinco: eu, a mulher do comandante, ele e dois marinheiros...

Alguns dias comemos umas bolachas repassadas da salsugem da água do mar. Depois tudo o que houve de mais horrível se passou...

– Por que empalideces, Solfieri? a vida é assim. Tu o sabes como eu o sei. O que é o homem? é a escuma que ferve hoje na torrente e amanhã desmaia: alguma coisa de louco e movediço como a vaga, de fatal como o sepulcro! O que é a existência? Na mocidade é o caleidoscópio das ilusões: vive-se então da seiva do futuro. Depois envelhecemos: quando chegamos aos trinta anos, e o suor das agonias nos grisalhou os cabelos antes do tempo, e murcharam como nossas faces as nossas esperanças, oscilamos entre o passado visionário, e este *amanhã* do velho, gelado e ermo – despido como um cadáver que se banha antes de dar à sepultura! Miséria! loucura!

– Muito bem! miséria e loucura! interrompeu uma voz.

O homem que falara era um velho. A fronte se lhe descalvara, e longas e fundas rugas a sulcavam – eram ondas que o vento da velhice lhe cavava no mar da vida... Sob espessas sobrancelhas grisalhas lampejavam-lhe os olhos pardos e um espesso bigode lhe cobria parte dos lábios. Trazia um gibão negro e roto, e um manto desbotado, da mesma cor lhe caía dos ombros.

– Quem és, velho? perguntou o narrador.

– Passava lá fora: a chuva caía a cântaros: a tempestade era medonha: entrei. Boa noite, senhores! se houver mais uma taça na vossa mesa, enchei-a até às bordas e beberei convosco.

– Quem és?

– Quem eu sou? na verdade fora difícil dizê-lo: corri muito mundo, a cada instante mudando de nome e de vida. – Fui poeta – e como poeta cantei. Fui soldado, e banhei minha fronte juvenil nos últimos raios de sol da águia de Waterloo. – Apertei ao fogo da batalha a mão do homem do século. Bebi numa taverna com Bocage – o Português, ajoelhei-me na Itália sobre o túmulo de Dante – e fui à Grécia para sonhar como Byron naquele túmulo das glórias do passado.

– Quem eu sou? Fui um poeta aos vinte anos, um libertino aos trinta – sou um vagabundo sem pátria e sem crenças aos quarenta. Sentei-me à sombra de todos os sóis – beijei lábios de mulheres de todos os países – e de todo esse peregrinar só trouxe duas lembranças – um amor de mulher que morreu nos meus braços na primeira noite de embriaguez e de febre – e uma agonia de poeta... Dela, tenho uma rosa murcha e a fita que prendia seus cabelos. – Dele – olhai...

O velho tirou do bolso um embrulho: era um lenço vermelho o invólucro: desataram-no: dentro estava uma caveira.

– Uma caveira! gritaram em torno: és um profanador de sepulturas?

– Olha, moço, se entendes a ciência de Gall e Spurzheim, dize-me pela protuberância dessa fronte, e pelas bossas dessa cabeça quem podia ser esse homem?

– Talvez um poeta – talvez um louco.

– Muito bem! adivinhaste. Só erraste não dizendo que talvez ambas as coisas a um tempo. Sêneca o disse – a poesia é a insânia. Talvez o gênio seja uma alucinação, e o entusiasmo precise da embriaguez para escrever o hino sanguinário e ferveroso de Rouget de l'Isle, ou para, na criação do painel medonho do Cristo morto de Holbein, estudar a corrupção no cadáver. Na vida misteriosa de Dante, nas orgias de Marlowe, no peregrinar de Byron havia uma sombra da doença de Hamlet: quem sabe?

– Mas a que vem tudo isso?

– Não bradastes – miséria e loucura! – vós, almas onde talvez borbulhava o sopro de Deus, cérebros que a luz divina do gênio esclarecia, e que o vinho enchia de vapores e a saciedade de escárnios? Enchei as taças até a borda! enchei-as e bebei; bebei à lembrança do cérebro que ardeu nesse crânio, da alma que aí habitou, do poeta-louco – Werner! e eu bradarei ainda uma vez: – miséria e loucura!

O velho esvaziou o copo, embuçou-se e saiu. Bertram continuou a sua história.

– Eu vos dizia que ia passar-se uma coisa horrível: não havia mais alimentos, e no homem despertava a voz do instinto, das entranhas que tinham fome, que pediam seu cevo como o cão do matadouro, fosse embora sangue.

A fome! a sede! tudo quanto há de mais horrível...

Na verdade, senhores, o homem é uma criatura perfeita! Estatuário sublime, Deus esgotou no talhar desse mármore todo o seu esmero. Prometeu divino, encheu-lhe o crânio protuberante da luz do gênio. Ergueu-o pela mão, mostrou-lhe o mundo do alto da montanha, como Satã quatro séculos depois o fez a Cristo, e disse-lhe: Vê, tudo isso é belo – vales e montes, águas do mar que espumam, folhas das florestas que tremem e sussurram como as asas dos meus anjos – tudo isso é teu. Fiz-te o mundo belo no véu purpúreo do crepúsculo, dourei-to aos raios de minha face. Ei-lo, rei da terra! banha a fronte olímpica nessas brisas, nesse orvalho, na escuma dessas cataratas. – Sonha como a noite, canta como os anjos, dorme entre as flores! Olha! entre as folhas floridas do vale dorme uma criatura branca como o véu das minhas virgens, loira como o reflexo das minhas nuvens, harmoniosa como as aragens do céu nos arvoredos da terra. – É tua: acorda-a: ama-a, e ela te amará; no seio dela, nas ondas daquele cabelo, afoga-te como o sol entre vapores. – Rei no peito dela, rei na terra, vive de amor e crença, de poesia e de beleza, levanta-te, vai e serás feliz!

Tudo isso é belo, sim – mas é a ironia mais amarga, a decepção mais árida de todas as ironias e de todas as decepções. Tudo isso se apaga diante de dois fatos muito prosaicos – a fome e a sede.

O gênio, a águia altiva que se perde nas nuvens, que se aquenta no eflúvio da luz mais ardente do sol – cair assim com as asas torpes e verminosas no lodo das charnecas? Poeta! porque no meio do arroubo mais sublime do espírito, uma voz sarcástica e mefistofélica te brada – meu Fausto, ilusões! a realidade é a matéria: Deus escreveu Ανάγκη na fronte de sua criatura! – Don Juan! por que choras a esse beijo morno de Haidéia que desmaia-te nos braços? a prostituta vender-tos-á amanhã mais queimadores!... Miséria! E dizer que tudo o que há de mais divino no homem, de mais santo e perfumado na alma se infunde no lodo da realidade, se revolve no charco e acha ainda uma convulsão infame para dizer – sou feliz!...

Isso tudo, senhores, para dizer-vos uma coisa muito simples... um fato velho e batido – uma prática do mar, uma lei do naufrágio – a antropofagia.

Dois dias depois de acabados os alimentos restavam três pessoas: eu, o comandante e ela – eram três figuras macilentas como o cadáver, cujos peitos nus arquejavam como a agonia cujos olhares fundos e sombrios se injetavam de sangue como a loucura.

O uso do mar – não quero dizer a voz da natureza física, o brado do egoísmo do homem – manda a morte de um para a vida de todos. – Tiramos a sorte – o comandante teve por lei morrer.

Então o instinto de vida se lhe despertou ainda. Por um dia mais de existência, mais um dia de fome e sede, de leito úmido e varrido pelos ventos frios do norte, mais umas horas mortas de blasfêmia e de agonia, de esperança e desespero – de orações e descrença – de febre e de ânsia – o homem ajoelhou-se, chorou, gemeu a meus pés...

– Olhai, dizia o miserável, esperemos até amanhã... Deus terá compaixão de nós... Por vossa mãe, pelas entranhas de vossa mãe! por Deus se ele existe! Deixai, deixai-me ainda viver!

Oh! a esperança é pois como uma parasita que morde e despedaça o tronco, mas quando ele cai, quando morre e apodrece, ainda o aperta em seus convulsos braços! Esperar! quando o vento do mar açoita as ondas, quando a escuma do oceano vos leva o corpo lívido e nu, quando o horizonte é deserto e sem termo, e as velas que branqueiam ao longe parecem fugir! Pobre louco!

Eu ri-me do velho. – Tinha as entranhas em fogo. – Morrer hoje, amanhã, ou depois – tudo me era indiferente, mas hoje eu tinha fome, e rime porque tinha fome.

O velho lembrou-me que me acolhera a seu bordo, por piedade de mim – lembrou-me que me amava – e uma torrente de soluços e lágrimas afogava o bravo que nunca empalidecera diante da morte.

Parece que a morte no oceano é terrível para os outros homens: quando o sangue lhes salpica as faces, lhes ensopa as mãos, correm à morte como um rio ao mar – como a cascavel ao fogo. Mas assim – no deserto – nas águas – eles temem-na, tremem diante dessa caveira fria da morte!

Eu ri-me porque tinha fome.

Então o homem ergueu-se. A fúria levantou nele – com a última agonia. Cambaleava, e um suor frio lhe corria no peito descarnado. – Apertou-me nos seus braços amarelentos e lutamos ambos corpo a corpo, peito a peito, pé por pé – por um dia de miséria!

A lua amarelada erguia sua face desbotada, como uma meretriz cansada de uma noite de devassidão – do céu escuro parecia zombar desses dois moribundos que lutavam por uma hora de agonia...

O valente do combate desfalecia – caiu: pus-lhe o pé na garganta – sufoquei-o – e expirou...

Não cubrais o rosto com as mãos – faríeis o mesmo... Aquele cadáver foi nosso alimento dois dias...

Depois, as aves do mar já baixavam para partilhar minha presa; e às minhas noites fastientas uma sombra vinha reclamar sua ração de carne humana...

Lancei os restos ao mar...

Eu e a mulher do comandante passamos – um dia, dois – sem comer nem beber...

Então ela propôs-me morrer comigo. – Eu disse-lhe que sim. Esse dia foi a última agonia do amor que nos queimava: gastamo-lo em convulsões para sentir ainda o mel fresco da voluptuosidade banhar-nos os lábios... Era o gozo febril que podem ter duas criaturas em delírio de morte. Quando soltei-me dos braços dela a fraqueza a fazia desvairar. O delírio tornava-se mais longo, mais longo: debruçava-se nas ondas e bebia a água salgada, e oferecia-ma nas mãos pálidas, dizendo que era vinho. As gargalhadas frias vinham mais de entuviada...

Estava louca.

Não dormi – não podia dormir: uma modorra ardente me fervia as pálpebras: o hálito de meu peito parecia fogo: meus lábios secos e estalados apenas se orvalhavam de sangue.

Tinha febre no cérebro – e meu estômago tinha fome. Tinha fome como a fera.

Apertei-a nos meus braços, oprimi-lhe nos beiços a minha boca em fogo: apertei-a convulsivo – sufoquei-a. Ela era ainda tão bela!

Não sei que delírio estranho se apoderou de mim. Uma vertigem me rodeava. O mar parecia rir de mim, e rodeava em torno, escumante e esverdeado, como um sorvedouro. As nuvens pairavam correndo e pareciam filtrar sangue negro. O vento que me passava nos cabelos murmurava uma lembrança.

De repente senti-me só. Uma onda me arrebatara o cadáver. Eu a vi boiar pálida como suas roupas brancas, seminua, com os cabelos banhados de água: eu via-a erguer-se na escuma das vagas, desaparecer, e boiar de novo: depois não a distingui mais – era como a escuma das vagas, como um lençol lançado nas águas...

Quantas horas, quantos dias passei naquela modorra nem o sei... Quando acordei desse pesadelo de homem desperto, estava a bordo de um navio.

Era o brigue inglês *Swallow,* que me salvara...

Olá, taverneira, bastarda de Satã, não vês que tenho sede, e as garrafas estão secas, secas como tua face e como nossas gargantas?

IV
GENNARO

Meurs ou tue!
CORNEILLE

– Gennaro, dormes, ou embebes-te no sabor do último trago do vinho, da última fumaça do teu cachimbo?

– Não: quando contava tua história, lembrava-me uma folha da vida, folha seca e avermelhada como as do outono, e que o vento varreu.

– Uma história?

– Sim: é uma das minhas histórias: sabes, Bertram, eu sou pintor, é uma lembrança triste essa que vou revelar, porque é a história de um velho e de duas mulheres, belas como duas visões de luz.

Godofredo Walsh era um desses velhos sublimes, em cujas cabeças as cãs semelham o diadema prateado do gênio. Velho já, casara em segundas núpcias com uma beleza de vinte anos.

Godofredo era pintor: diziam uns que este casamento fora um amor artístico por aquela beleza Romana, como que feita ao molde das belezas antigas – outros criam-no compaixão pela pobre moça que vivia de servir de modelo. O fato é que ele a queria como filha – como Laura, a filha única de seu primeiro casamento – Laura, corada como uma rosa, e loira como um anjo.

Eu era nesse tempo moço: era aprendiz de pintura em casa de Godofredo. Eu era lindo então! que trinta anos lá vão! que ainda os cabelos e as faces me não haviam desbotado como nesses longos quarenta e dois anos de vida! Eu era aquele tipo de mancebo ainda puro do ressumbrar infantil, pensativo e melancólico como o Rafael se retratou no quadro da galeria Barberini. Eu tinha quase a idade da mulher do mestre. – Nauza tinha vinte – e eu tinha dezoito anos.

Amei-a, mas meu amor era puro como meus sonhos de dezoito anos. Nauza também me amava: era um sentir tão puro! era uma emoção solitária e perfumosa como as primaveras cheias de flores e de brisas que nos embalavam aos céus da Itália.

Como eu disse – o mestre tinha uma filha chamada Laura. Era uma moça pálida, de cabelos castanhos e olhos azulados; sua tez era branca, e só às vezes, quando o pejo a incendia, duas rosas lhe avermelhavam a face e se lhe destacavam no fundo de mármore. Laura parecia querer-me como a um irmão. Seus risos, seus beijos de criança de quinze anos eram só para mim. À noite, quando eu ia deitar-me, ao passar pelo corredor escuro com minha lâmpada, uma sombra me apagava a luz e um beijo me pousava nas faces, nas trevas.

Muitas noites foi assim.

Uma manhã – eu dormia ainda – o mestre saíra e Nauza fora à igreja – quando Laura entrou no meu quarto e fechou a porta: deitou-se a meu lado. Acordei – nos braços dela.

O fogo de meus dezoito anos, a primavera virginal de uma beleza, ainda inocente, o seio seminu de uma donzela a bater sobre o meu: isso tudo ao despertar dos sonhos alvos da madrugada, me enlouqueceu...

Todas as manhãs Laura vinha a meu quarto...

Três meses passaram assim. Um dia entrou ela no meu quarto e disse-me:

– Gennaro, estou desonrada para sempre... A princípio eu quis-me iludir – já não o posso – estou de esperanças...

Um raio que me caísse aos pés não me assustaria tanto.

– É preciso que cases comigo – que me peças a meu pai, ouves, Gennaro?

Eu calei-me.

– Não me amas então?

Calei-me ainda.

– Oh! Gennaro, Gennaro!

E caiu no meu ombro desfeita em soluços. Carreguei-a assim fria e fora de si para seu quarto. Nunca mais tornou a falar-me em casamento.

Que havia de eu fazer? contar tudo ao pai e pedi-la em casamento? Fora uma loucura... Ele me mataria e a ela: ou pelo menos me expulsaria de sua casa... E Nauza? cada vez eu a amava mais. Era uma luta terrível essa que se travava entre o dever e o amor, e entre o dever e o remorso.

Laura não me falara mais. Seu sorriso era frio: cada dia tornava-se mais pálida, mas a gravidez não crescia, antes mais nenhum sinal se lhe notava...

O velho levava as noites passeando no escuro. Já não pintava. Vendo a filha que morria aos sons secretos de uma harmonia de morte, que empalidecia cada vez mais, o misérrimo arrancava as cãs.

Eu contudo não esquecera Nauza, nem ela se esquecia de mim. Meu amor era sempre o mesmo: eram sempre noites de esperança e de sede que me banhavam de lágrimas o travesseiro. Só às vezes sombra de um remorso me passava, mas a imagem dela dissipava todas essas névoas...

Uma noite... foi horrível... vieram chamar-me: Laura morria. Na febre murmurava meu nome e palavras que ninguém podia reter, tão apressadas e confusas lhe soavam. Entrei no quarto dela: a doente conheceu-me. Ergueu-se branca, com a face úmida de um suor copioso: chamou-me. Sentei-me junto do leito dela. Apertou minha mão nas suas mãos frias e murmurou em meus ouvidos:

– Gennaro, eu te perdôo: eu te perdôo tudo... Eras um infame... Morrerei... Fui uma louca... Morrerei... por tua causa... teu filho... o meu... vou vê-lo ainda... mas no céu... Meu filho que matei... antes de nascer...

Deu um grito: estendeu convulsivamente os braços como para repelir uma idéia, passou a mão pelos lábios como para enxugar as últimas gotas de uma bebida, estorceu-se no leito, lívida, fria, banhada de suor gelado, e arquejou... Era o último suspiro.

Um ano todo se passou assim para mim. O velho parecia endoidecido. Todas as noites fechava-se no quarto onde morrera Laura: levava aí a noite toda em solidão. Dormia? ah que não! Longas horas eu o escutei no silêncio arfar com ânsia, outras vezes afogar-se em soluços. Depois tudo emudecia: o silêncio durava horas – o quarto era escuro: e depois as passadas pesadas do mestre se ouviam pelo quarto, mas vacilantes como de um bêbado que cambaleia.

Uma noite eu disse a Nauza que a amava: ajoelhei-me junto dela, beijei-lhe as mãos, reguei seu colo de lágrimas. Ela voltou a face: eu cri que era desdém, ergui-me.

– Então Nauza, tu me não amas, disse eu.

Ela permanecia com o rosto voltado.

– Adeus pois: perdoai-me se vos ofendi: meu amor é uma loucura, minha vida é uma desesperança – o que me resta? Adeus, irei longe – longe daqui... talvez então eu possa chorar sem remorso...

Tomei-lhe a mão e beijei-a.

Ela deixou sua mão nos meus lábios.

Quando ergui a cabeça, eu a vi: ela estava debulhada em lágrimas.

– Nauza – Nauza – uma palavra, tu me amas?

....

Tudo o mais foi um sonho: a lua passava entre os vidros da janela aberta, e batia nela: nunca eu a vira tão pura e divina!

....

E as noites que o mestre passava soluçando no leito vazio de sua filha, eu as passava no leito dele, nos braços de Nauza.

Uma noite houve um fato pasmoso.

O mestre veio ao leito de Nauza. Gemia e chorava aquela voz cavernosa e rouca: tomou-me pelo braço com força, acordou-me, e levou-me de rasto ao quarto de Laura...

Atirou-me ao chão: fechou a porta. Uma lâmpada estava acesa no quarto defronte de um painel. Ergueu o lençol que o cobria. – Era Laura moribunda! E eu macilento como ela tremia como um condenado. A moça com seus lábios pálidos murmurava no meu ouvido...

Eu tremi de ver meu semblante tão lívido na tela: e lembrei-me que naquele dia ao sair do quarto da morta, no espelho dela que estava ainda pendurado à janela, eu me horrorizara de ver-me cadavérico...

Um tremor, um calafrio se apoderou de mim. Ajoelhei-me, e chorei lágrimas ardentes. Confessei tudo: parecia-me que era ela quem o mandava, que era Laura que se erguia dentre os lençóis do seu leito, e me acendia o remorso, e no remorso me rasgava o peito.

Por Deus! que foi uma agonia!

No outro dia o mestre conversou comigo friamente. Lamentou a falta de sua filha – mas sem uma lágrima: sobre o passado da noite, nem palavra.

Todas as noites era a mesma tortura, todos os dias a mesma frieza.

O mestre era sonâmbulo...

E pois eu não me cri perdido...

Contudo lembrei-me que uma noite, quando eu saía do quarto de Laura com o mestre, no escuro vira uma roupa branca passar-me por perto, roçaram-me uns cabelos soltos, e nas lájeas do corredor estalavam umas passadas tímidas de pés nus... Era Nauza que tudo vira e tudo ouvira, que se acordara e sentira minha falta no leito, que ouvira esses soluços e gemidos, e correra para ver...

....

Uma noite, depois da ceia, o mestre Walsh tomou sua capa e uma lanterna, e chamou-me para acompanhá-lo. Tinha de sair fora da cidade e não queria ir só. Saímos juntos: a noite era escura e fria. O outono desfolhara as árvores e os primeiros sopros do inverno rugiam nas folhas secas do chão. Caminhamos juntos muito tempo: cada vez mais nos entranhávamos pelas montanhas, cada vez o caminho era mais solitário. O velho parou. Era na fralda de uma montanha. À direita o rochedo se abria num trilho: à esquerda as pedras soltas por nossos pés a cada passada se despegavam e rolavam pelo despenhadeiro, e instantes depois se ouvia um som como de água onde cai um peso...

A noite era escuríssima. Apenas a lanterna alumiava o caminho tortuoso que seguíamos. O velho lançou os olhos à escuridão do abismo e riu-se.

– Espera-me aí, disse ele – já venho.

Godofredo tomou a lanterna e seguiu para o cume da montanha: eu sentei-me no caminho à sua espera: vi aquela luz ora perder-se, ora reaparecer entre os arvoredos nos ziguezagues do caminho. Por fim vi-a parar. O velho bateu à porta de uma cabana: a porta abriu-se. Entrou. O que aí se passou nem o sei: quando a porta abriu-se de novo uma mulher lívida e desgrenhada apareceu com um facho na mão.

A porta fechou-se. Alguns minutos depois o mestre estava comigo.

O velho assentou a lanterna num rochedo, despiu a capa e disse-me:

– Gennaro, quero contar-te uma história. É um crime, quero que sejas juiz dele. Um velho era casado com uma moça bela. De outras núpcias tinha uma filha bela também. Um aprendiz – um miserável que ele erguera da poeira, como o vento às vezes ergue uma folha, mas que ele podia reduzir a ela quando quisesse...

Eu estremeci, os olhares do velho pareciam ferir-me.

– Nunca ouviste essa história, meu bom Gennaro?

– Nunca, disse eu a custo e tremendo.

– Pois bem – esse infame desonrou o pobre velho: traiu-o como Judas ao Cristo.

– Mestre, perdão!

– Perdão! e perdoou o malvado ao pobre coração do velho?

– Piedade!

– E teve ele dó da virgem, da desonra, da infanticida?

– Ah! gritei.

– Que tens? conheces o criminoso?

A voz de escárnio dele me abafava.

– Vês pois, Gennaro, disse ele mudando de tom – se houvesse um castigo pior que a morte, eu to daria. Olha esse despenhadeiro! É medonho! se o visses de dia, teus olhos se escureceriam e aí rolarias talvez – de vertigem! É um túmulo seguro: e guardará o segredo, como um peito o punhal. Só os corvos irão lá ver-te, só os corvos e os vermes. E pois, se tens ainda no coração maldito um remorso, reza tua última oração: mas seja breve. O algoz espera a vítima: a hiena tem fome de cadáver...

Eu estava ali pendente junto à morte. Tinha só a escolher o suicídio ou ser assassinado. Matar o velho era impossível. Uma luta entre mim e ele fora insana. Ele era robusto, a sua estatura alta, seus braços musculosos me quebrariam como o vendaval rebenta um ramo seco. Demais, ele estava armado. Eu – eu era uma criança débil: ao meu primeiro passo ele me arrojaria da pedra em cujas bordas eu estava... Só me restaria morrer com ele – arrastá-lo na minha queda. Mas para quê?

E curvei-me no abismo: tudo era negro: o vento lá gemia embaixo nos ramos desnuados, nas urzes, nos espinhais ressequidos, e a torrente lá chocalhava no fundo escumando nas pedras.

Eu tive medo.

Orações, ameaças, tudo seria debalde.

– Estou pronto, disse.

O velho riu-se: infernal era aquele rir dos seus lábios estalados de febre. Só vi aquele riso...

Depois foi uma vertigem... o ar que sufocava, um peso que me arrastava, como naqueles pesadelos em que se cai de uma torre e se fica preso ainda pela mão, mas a mão cansa, fraqueia, sua, esfria... Era horrível: ramo a ramo, folha por folha os arbustos me estalavam nas mãos, as raízes secas que saíam pelo despenhadeiro estalavam sobre meu peso e meu peito sangrava nos espinhais. A queda era muito rápida... De repente não senti mais nada... Quando acordei estava junto a uma cabana de camponeses que me tinham apanhado junto da torrente, preso nos ramos de uma azinheira gigantesca que assombrava o rio.

Era depois de um dia e uma noite de delírios que eu acordara. Logo que sarei uma idéia me veio: ir ter com o mestre. Ao ver-me salvo assim daquela morte horrível, pode ser que se apiedasse de mim, que me perdoasse, e então eu seria seu escravo, seu cão, tudo o que houvesse mais abjeto num homem que se humilha – tudo! – contanto que ele me perdoasse. Viver com aquele remorso me parecia impossível. Parti pois: no caminho topei um punhal. Ergui-o: era o do mestre. Veio-me então uma idéia de vingança e de soberba. Ele quisera matar-me, ele tinha rido à minha agonia, e eu havia ir chorar-lhe ainda aos pés para ele repelir-me ainda, cuspir-me nas faces, e amanhã procurar outra vingança mais segura?... Eu humilhar-me quando ele me tinha abatido! Os cabelos me arrepiaram na cabeça, e suor frio me rolava pelo rosto.

Quando cheguei à casa do mestre achei-a fechada. Bati – não abriram. O jardim da casa dava para a rua: saltei o muro: tudo estava deserto e as portas que davam para ele estavam também fechadas. Uma delas era fraca: com pouco esforço arrombei-a. Ao estrondo da porta que caiu só o eco respondeu nas salas. Todas as janelas estavam fechadas e contudo era dia claro fora. Tudo estava escuro: nem uma lamparina acesa. Caminhei tateando até a sala do pintor. Cheguei lá – abri as janelas e a luz do dia derramou-se na sala deserta. Cheguei então ao quarto de Nauza – abri a porta e um bafo pestilento corria daí. O raio da luz bateu em uma mesa. – Junto estava uma forma de mulher com a face na mesa, e os cabelos caídos: atirado numa poltrona um vulto coberto com um capote. Entre eles um copo onde se depositara um resíduo polvilhento. Ao pé estava um frasco vazio. Depois eu o soube – a velha da cabana era uma mulher que vendia veneno: era ela decerto que o vendera, porque o pó branco do copo parecia sê-lo...

Ergui os cabelos da mulher, levantei-lhe a cabeça... Era Nauza, mas Nauza cadáver, já desbotada pela podridão. Não era aquela estátua alvíssima de outrora, as faces macias e colo de neve... Era um corpo amarelo... Levantei uma ponta da capa do outro – o corpo caiu de bruços com a cabeça para baixo – ressou no pavimento o estalo do crânio... Era o velho – morto também roxo e apodrecido: eu o vi – da boca lhe corria uma escuma esverdeada.

....

V
CLAUDIUS HERMANN

... Ecstasy!
My pulse, as yours, doth temperately keep time,
And makes as healthful music. It is not madness
That I have utter'd.
SHAKESPEARE, *Hamlet.*

– E tu, Hermann! Chegou a tua vez. Um por um evocamos ao cemitério do passado um cadáver. Um por um erguemos-lhe o sudário para amostrar-lhe uma nódoa de sangue. Fala que chegou tua vez.

– Claudius sonha algum soneto ao jeito do Petrarca, alguma auréola de pureza como a dos espíritos puros da *Messiada*! disse entre uma fumaça e uma gargalhada Johann erguendo a cabeça da mesa.

– Pois bem! quereis uma história? Eu pudera contá-las, como vós, loucuras de noites de orgia – mas para quê? Fora escárnio Fausto ir lembrar a Mefistófeles as horas de perdição que lidou com ele. Sabeis-las todas essas minhas nuvens do passado, lestes-lo à farta o livro desbotado de minha existência libertina. Se o não lembrásseis, a primeira mulher das ruas pudera contá-lo. Nessa torrente negra que se chama a vida, e que corre para o passado enquanto nós caminhamos para o futuro, também desfolhei muitas crenças, e lancei despidas as minhas roupas mais perfumadas para trajar a túnica da Saturnal! O passado é o que foi, é a flor que murchou, o sol que se apagou, o cadáver que apodreceu. Lágrimas a ele? fora loucura! Que durma, e que durma com suas lembranças negras! Revivam: acordem apenas os miosótis abertos naquele pântano! sobreagüe naquele não-ser o eflúvio de alguma lembrança pura!

– Bravo! Bravíssimo! Claudius, estás completamente bêbado! bofé que estás romântico!

– Silêncio, Bertram! certo que esta não é uma lenda para inscrever-se após das vossas: uma dessas coisas que se contem com os cotovelos na toalha vermelha, e os lábios borrifados de vinho e saciados de beijos... Mas que importa?

Vós todos, que amais o jogo, que vistes um dia correr naquele abismo uma onda de ouro, – redemoinhar-lhe no fundo, como um mar de esperanças que se embate na ressaca do acaso, sabeis melhor que vertigem nos tonteia então: ideais-la melhor a loucura que nos delira naqueles jogos de milhares de homens, onde fortuna, aspirações, a vida mesma vão-se na rapidez de uma corrida, onde todo esse complexo de misérias e desejos, de crimes e virtudes que se chama a existência se joga numa parelha de cavalos!

Apostei como homem a quem não doera empobrecer: o luxo também sacia, e é essa uma saciedade terrível! para ela nada basta: nem as danças do Oriente, nem as lupercais romanas, nem os incêndios de uma cidade inteira lhe alimentariam a seiva de morte, essa *vitalidade do veneno* – de que fala Byron. Meu lance no *turf* foi minha fortuna inteira. Eu era rico, muito rico então: em Londres ninguém ostentava mais dispendiosas devassidões: nenhum nababo numa noite esperdiçava somas como eu. O suor de três gerações derramava-o eu no leito das perdidas, e no chão das minhas orgias.

No instante em que as corridas iam começar, em que todos sentiam-se febris de impaciência – um murmúrio correu pelas multidões – um sorriso – e depois eram as frontes que se expandiam – e depois uma mulher passou a cavalo.

Vísseis-la como eu – no cavalo negro, com as roupas de veludo, as faces vivas, o olhar ardente entre o desdém dos cílios, transluzindo a rainha em todo aquele ademã soberbo: vísseis-la bela na sua beleza plástica e harmônica, linda nas suas cores puras e acetinadas, nos cabelos negros, e a tez branca da fronte; o oval das faces coradas, o fogo de nácar dos lábios finos, o esmero do colo ressaltando nas roupas de amazona: vísseis-la assim, e à fé, senhores, que não havíeis rir de escárnio como rides agora!

– Romantismo! deves estar muito ébrio, Claudius, para que nos teus lábios secos de Lovelace e na tua insensibilidade de D. Juan venha a poesia ainda passar-te um beijo!

– Ride, sim! misérrimos! que não compreendeis o que porventura vai de incêndio por aqueles lábios de Lovelace e como arqueja o amor sob as roupas gotejantes de chuva de D. Juan – o libertino! Insano, que nunca sonhastes Lovelace sem sua máscara talvez chorando Clarisse Harlowe, pobre anjo, cujo as asas brancas ele ia desbotar maldizendo essa fatalidade que faz do amor uma infâmia e um crime! Mil vezes insanos que nunca sonhastes o Espanhol acordando no lupanar, passando a mão pela fronte, e rugindo de remorso e saudade ao lembrar tantas visões alvas do passado!

– Bravo! bravo!

– Poesia! poesia! murmurou Bertram.

– Poesia! por que pronunciar-lho à virgem casta o nome santo como um mistério, no lodo escuro da taverna? Por que lembrá-la a estrela do amor à luz do lampião da crápula? Poesia! sabeis o que é a poesia?

– Meio cento de palavras sonoras e vãs que um pugilo de homens pálidos entende, uma escada de sons e harmonias que àquelas almas loucas parecem idéias e lhes despertam ilusões como a lua as sombras... Isto no que se chama os poetas. Agora, no ideal, na mulher, o ressaibo do último romance, o delírio e a paixão da última heroína de novela, e o presente incerto e vago de um gozo místico, pelo qual a virgem se morre de volúpia, sem sabê-lo por quê...

– Silêncio, Bertram! teu cérebro queimaram-to os vinhos, como a lava de um vulcão as relvas e flores da campina. Silêncio! és como essas plantas que nascem e mergulham-se no mar morto: cobre-as uma cristalização calcária, enfezam-se e mirram. A poesia, eu to direi também por minha vez, é o vôo das aves da manhã no banho morno das nuvens vermelhas da madrugada, é o cervo que se rola no orvalho da montanha relvosa, que se esquece da morte de amanhã, da agonia de ontem em seu leito de flores!

– Basta, Claudius: que isso que aí dizes ninguém o entende: são palavras, palavras e palavras, como o disse o Hamlet: e tudo isso é inanido e vazio como uma caveira seca, mentiroso como os vapores infectos da terra que o sol no crepúsculo iria de mil cores, e que se chamam as nuvens, ou essa fada zombadora e nevoenta que se chama a poesia!

– À história! à história! Claudius, não vês que essa discussão nos faz bocejar de tédio?

– Pois bem, contarei o resto da história. No fim desse dia eu tinha dobrado minha fortuna.

No dia seguinte eu a vi: era no teatro. Não sei o que representaram; não sei o que ouvi, nem o que vi; sei só que lá estava uma mulher – bela como tudo quanto passa mais puro à concepção do estatuário. Essa mulher era a duquesa Eleonora... No outro dia vi-a num baile... Depois... Fora longo dizer-vo-lo: seis meses! concebeis-lo? seis meses de agonia e desejo anelante – seis meses de amor com a sede da fera! seis meses! como foram longos!

Um dia achei que era demais. Todo esse tempo havia passado em contemplação – em vê-la, amá-la e sonhá-la: apertei minhas mãos jurando que isso não iria além – que era muito esperar em vão: e que se ela não viria como Gulnare aos pés do Corsário, a ele cabia ir ter com ela.

Uma noite tudo dormia no palácio do duque. A duquesa, cansada do baile, adormecia num divã. A lâmpada de alabastro estremecia-lhe sua luz dourada na testa pálida. Parecia uma fada que dormia ao luar...

O reposteiro do quarto agitou-se: um homem aí estava parado, absorto. Tinha a cabeça tão quente e febril e ele a repousava no portal.

A fraqueza era covarde: e demais, esse homem comprara uma chave e uma hora à infâmia venal de um criado; esse homem jurara que nessa noite gozaria aquela mulher: fosse embora veneno, ele beberia o mel daquela flor, o licor de escarlate daquela taça. Quanto a esses prejuízos de honra e adultério, não riais deles – não que ele ria disso. Amava e queria: a sua vontade era como a folha de um punhal – ferir ou estalar.

Na mesa havia um copo e um frasco de vinho: encheu o copo: era vinho espanhol – ... Chegou-se a ela, ergueu-a com suas roupas de veludo desatadas, seus cabelos a meio soltos ainda entremeados de pedraria e flores, seus seios meio nus, onde os diamantes brilhavam como gotas de orvalho – ergueu-a nos braços; deu-lhe um beijo. Ao calor daquele beijo, seminua, ela acordou-se: entre os vagos sonhos se lhe perdia uma ilusão talvez; murmurou – "amor"!

e com olhos entreabertos deixou cair a cabeça e adormeceu de novo.

O homem tirou do seio um frasquinho de esmeralda.

Levou-o aos lábios entreabertos dela: e verteu-lhe algumas gotas que ela absorveu sem senti-las. Deitou-a e esperou. Daí a instantes o sono dela era profundíssimo... A bebida era um narcótico onde se misturaram algumas gotas daqueles licores excitantes que acordam a febre nas faces e o desejo voluptuoso no seio.

O homem estava de joelhos: o seu peito tremia, e ele estava pálido como após de uma longa noite sensual. Tudo parecia vacilar-lhe em torno... Ela estava nua: nem veludo, nem véu leve a encobria: – O homem ergueu-se, afastou o cortinado.

A lâmpada brilhou com mais força – e apagou-se...

O homem era Claudius Hermann ....

....

Quando me levantei, embucei-me na capa e saí pelas ruas. Queria ir ter a meu palácio, mas estava tonto como um ébrio. Titubeava e o chão era lúbrico como para quem desmaia. Uma idéia contudo me perseguia. Depois daquela mulher nada houvera mais para mim. Quem uma vez bebeu o suco das uvas purpurinas do paraíso, mais nunca deve inebriar-se do néctar da terra... Quando o mel se esgotasse, o que restava a não ser o suicídio?

Uma semana se passou assim: todas as noites eu bebia nos lábios à dormida um século de gozo. Um mês! o mês em que delirantes iam os bailes do entrudo, em que mais cheia de febre ela adormecia quente, com as faces em fogo!

Uma noite – era depois de um baile – eu esperei-a na alcova, escondido atrás do seu leito. – No copo cheio d'água que estava junto à sua cabeceira derramara as últimas gotas do filtro, quando entrou ela com o Duque.

Era ele um belo moço! Antes de deixá-la passou-lhe as duas mãos pelas fontes e deu-lhe um beijo. Embevecido daquele beijo, o anjo pendeu a cabeça no ombro dele, e enlaçou-o com seus braços nus, reluzentes das pulseiras de pedraria. O duque teve sede, pegou no copo da duquesa, bebeu algumas gotas; ela tomou-lhe o copo – bebeu o resto. Eu os vi assim: aquele esposo ainda tão moço, aquela mulher – ah! e tão bela!... e tez ainda virgem – e apertei o punhal...

– Virás hoje, Maffio? disse ela.

– Sim, minh'alma.

Um beijo sussurrou, e afagou as duas almas. E eu na sombra sorri, porque sabia que ele não havia de vir ....

Ele saiu, ela começou a despir-se. Eu lhas vi uma por uma caírem as roupas brilhantes, as flores e as jóias – desatarem-se-lhe as tranças luzidias e negras – e depois aparecia no véu branco do roupão transparente como as estátuas de ninfas a meio-nuas, com as formas desenhadas pela túnica repassada da água do banho.

O que vi – foi o que sonhara e muito, o que vós todos, pobres insanos, idealizastes um dia como a visão dos amores sobre o corpo da vendida! Eram os seios níveos e veiados de azul, trêmulos de desejo, a cabeça perdida entre a chuva de cabelos negros – os lábios arquejantes – o corpo todo palpitante – era a languidez do desalinho, quando o corpo da beleza mais se enche de beleza, e como uma rosa que abre molhada de sereno, mais se expande, mais patenteia suas cores.

O narcótico era fortíssimo: uma sofreguidão febril lhe abria os beiços: extenuada e lânguida, caída no leito, com as pálpebras pálidas, os braços soltos e sem força – parecia beijar uma sombra ....

....

Ergui-a do leito, carreguei-a com suas roupas diáfanas, suas formas cetinosas, os cabelos soltos úmidos ainda de perfume, seus seios ainda quentes...

Corri com ela pelos corredores desertos, passei pelo pátio – a última porta estava cerrada: abri-a.

Na rua estava um carro de viagem: os cavalos nitriam e escumavam de impaciência. Entrei com ela dentro do carro. Partimos.

Era tempo. Uma hora depois amanhecia.

Breve estivemos fora da cidade.

A madrugada aí vinha com seus vapores, seus rosais borrifados de orvalho, suas nuvens aveludadas, e as águas salpicadas de ouro e vermelhidão. A natureza corava ao primeiro beijo do sol, como branca donzela ao primeiro beijo do noivo: não como amante afanada de noite voluptuosa como a pintou o paganismo; antes como virgem acordada do sono infantil, meio ajoelhada ante Deus; que ora e murmura suas orações balsâmicas – ao céu que se azula – à terra que cintila – às águas que se douram. Essa madrugada baixava à terra como o bafo de Deus: e entre aquela luz e aquele ar fresco a duquesa dormia – pálida como os sonos daquelas criaturas místicas das iluminuras da Idade Média – bela como a Vênus dormida do Ticiano, e voluptuosa como uma das amásias do Veroneso.

Beijei-a: eu sentia a vida que se me evaporava nos seus lábios. Ela sobressaltou-se – entreabriu os olhos; mas o peso do sono ainda a acabrunhava, e as pálpebras descoradas se fecharam...

A carruagem corria sempre.

....

O sol estava a prumo no céu – era meio-dia: o calor abafava: pela fronte, pelas faces, pelo colo da duquesa rolavam gotas de suor como aljôfares de um colar roto... Paramos numa estalagem: lancei-lhe sobre a face um véu, tomei-a nos meus braços, e levei-a a um aposento.

Ela devia ser muito bela assim! os criados paravam nos corredores: era assombro de tanta beleza, mais ainda que curiosidade indiscreta.

A dona da casa chegou-se a mim.

– Senhor, vossa esposa ou irmã, quem quer que ela seja, decerto precisará de uma criada que a sirva...

– Deixai-me: ela dorme.

Foi essa a minha única resposta.

Deitei-a no leito: corri os cortinados, cerrei as janelas para que a luz lhe não turbasse o sono.

Não havia ali ninguém que nos visse; estávamos sós, o homem e seu anjo, e a criatura da terra ajoelhou-se ao pé do leito da criatura do céu.

Não sei quanto tempo correu assim: não sei se dormia, mas sei que sonhava muito amor e muita esperança: não sei se velava, mas eu a via sempre ali, eu lhe contemplava cada movimento gracioso do dormir: eu estremecia a cada alento que lhe tremia os seios – e tudo me parecia um sonho – um desses sonhos a que a alma se abandona como um cisne, que modorra, ao tom das águas... Não sei quanto tempo correu assim: sei só que o meu delíquio quebrou-se: a duquesa estava sentada sobre o leito: com os braços nus afastava as ondas do cabelo solto que lhe cobria o rosto e o colo.

– É um sonho? murmurou. Onde estou eu? quem é esse homem encostado em meu leito?

O homem não respondeu.

Ela desceu da cama: seu primeiro impulso foi o pudor: quis encobrir com as mãozinhas os seios palpitantes de susto. Sentiu-se quase nua, exposta às vistas de um estranho, e tremia como contam os poetas que tremera Diana ao ver-se exposta, no banho, nua às vistas de Acteon.

– Senhor, dizei-me por compaixão, se tudo isso não é uma ilusão... se não fora uma infâmia! Nem quero pensá-lo. Maffio não deve tardar, não é assim? o meu Maffio!... Tudo isso é uma comédia... Mas que alcova é esta? Eu adormeci no meu palácio... como despertei numa sala desconhecida? Dizei, tudo isso é um brinco de Maffio? quer se rir de mim?... Mas, vede, vede, eu tremo, tenho medo.

O homem não respondia: tinha os olhos a fito naquela forma divina: seria a estátua da paixão na palidez, no olhar imóvel, nos lábios sedentos, se o arfar do peito lhe não denunciasse a vida.

Ela ajoelhou-se: nem sei o que ela dizia. Não sei que palavras se evaporaram daqueles lábios: eram perfumes, porque as rosas do céu só têm perfumes; eram harmonias, porque as harpas do céu só têm harmonias; e o lábio da mulher bela é uma rosa divina, e seu coração é uma harpa do céu. Eu a escutava, mas não a entendia: sentia só que aquelas falas eram muito doces, que aquela voz tinha um talismã irresistível para minh'alma, porque só nos meus sonhos de infante que se ilude de amores, uma voz assim me passara. Os gemidos de duas virgens abraçadas no céu, douradas da luz da face de Deus, empalidecidas pelos beijos mais puros, pelo tremuloso dos abraços mais palpitantes – não seriam tão suaves assim!

A moça chorava, soluçava: por fim ela ergueu-se.

Eu a vi correr à janela, ia abri-la... Eu corri a ela e tomei-a pelas mãos...

– Pois bem, disse ela, eu gritarei... se não for um deserto, se alguém passar por aqui... talvez me acudam... Socor...

Eu tapei-lhe a boca com as mãos...

– Silêncio, senhora!

Ela lutava para livrar-se de minhas mãos: por fim sentiu-se enfraquecida. Eu soltei-a de pena dela.

– Então, diz-me onde estou – dizei-mo, ou eu chamarei por socorro...

– Não gritareis, senhora!

– Por compaixão então esclarecei-me nesta dúvida: por que tudo isso que eu vejo? Tudo o que penso, o que adivinho é muito horrível!

– Escutai pois, disse-lhe eu. Havia uma mulher... era um anjo. Havia um homem que a amava, como as águas amam a lua que as prateia, como as águias da montanha o sol que as fita, que as enche de luz e de amor. Nem sei quem ele era: ergueu-se um dia de uma vida de febre, esqueceu-a; e esqueceu o passado, adiante de uns olhos transparentes de mulher, as manchas de sua história, numa aurora de gozos, onde se lhe desenhava a sombra desse anjo... Escutai: não o amaldiçoeis! Esse homem tinha muita infâmia no passado: profanara sua mocidade – prostituíra-a – como a borboleta de ouro a sua geração, lançando-a no lodo: frio, sem crenças, sem esperanças, abafara uma por uma suas ilusões, como a infanticida seus filhos... Deus o tinha amaldiçoado talvez! ou ele mesmo se amaldiçoara... Esquecera que era homem, e tinha no seu peito harmonias santas como as do poeta... Ele as esquecera, e elas dormiam-lhe no mistério como os suspiros nas cordas de uma guitarra abandonada. Esquecera que a natureza era bela e muito bela, que o leito das flores da noite era rescendente, que a lua era a lâmpada dos amores, as aragens do vale, os perfumes do poeta no seu noivado com os anjos, e que a aurora tinha eflúvios frescos... e com suas nuvens virginais, suas folhas molhadas de orvalho, suas águas nevoentas tinha encantos que só as almas puras entendem! Tudo isso enjeitou, esqueceu... para só lembrar a furto e com escárnio nas horas suarentas da devassidão... Ele era muito infame!

– Mas tudo isso não me diz quem sois vós... nem por que estou aqui...

– Escutai. – O libertino amou pois o anjo, voltou o rosto ao passado, despiu-se dele como de um manto impuro. Retemperou-se no fogo do sentimento, apurou-se na virgindade daquela visão – porque ela era bela como uma virgem, e refletia essa luz virgem do espírito, nesse brilho d'alma divina que alumia as formas – que não são da terra, mas do céu. Ainda o tempo não eivara o coração do insano de uma lepra sem cura: nem selo inextinguível lhe gravara na fronte – *impureza*! Deixou-se do viver que levara, desconheceu seus companheiros, suas amantes venais, suas insônias cheias de febre: quis apagar todo o gosto da existência, como o homem que perdeu uma fortuna inteira no jogo quer esquecer a realidade.

E o homem pôde esquecer tudo isto. Mas ele não era ainda feliz. As noites passava-as ao redor do palácio dela, via-a às vezes bela e descorada ao luar, no terraço deserto, ou distinguia suas formas na sombra que passava pelas cortinas da janela aberta de seu quarto iluminado. Nos bailes seguia com olhares de inveja aquele corpo que palpitava nas danças. No teatro, entre o arfar das ondas da harmonia, quando o êxtase boiava naquele ambiente balsâmico e luminoso, ele nada via senão ela – e só ela! E as horas de seu leito – suas horas de sono não, que mal as dormia às vezes – eram longas de impaciência e insônia, outras vezes eram curtas de sonhos ardentes! O pobre insano teve um dia uma idéia; era negra sim, mas era a da ventura. O que fez não sei: nem o sabereis nunca. E depois bastante ébrio para vos sonhar, bastante louco para nos sonhos de fogo de seu delírio imaginar gozar-vos, foi profano assaz para roubar a um templo o cibório d'ouro mais puro. Esse homem – tende compaixão dele, que ele vos amará de joelhos... ó anjo, Eleonora...

– Meu Deus! meu Deus! por que tanta infâmia, tanto lodo sobre mim? Ó minha Madona! por que maldissestes minha vida, por que deixastes cair na minha cabeça uma nódoa tão negra?

As lágrimas, os soluços abafam-lhe a voz.

– Perdoai-me, senhora, aqui me tendes a vossos pés! tende pena de mim, que eu sofri muito, que amei-vos, que vos amo muito! Compaixão! que serei vosso escravo, beijarei vossas plantas – ajoelhar-me-ei à noite à vossa porta, ouvirei vosso ressonar, vossas orações, vossos sonhos – e isso me bastará. – Serei vosso escravo e vosso cão, deitar-me-ei a vossos pés quando estiverdes acordada, velarei com meu punhal quando a noite cair: e se algum dia, se algum dia vós me puderdes amar – então! então!...

– Oh! deixai-me! deixai-me!...

– Eleonora! Eleonora! Perder noites e noites numa esperança! Alentá-la no peito como uma flor que murcha de frio – alentá-la, revivê-la cada dia – para vê-la desfolhada sobre meu rosto! Absorver-me em amor e só ter irrisão e escárnio! Dizei antes ao pintor que rasgue sua Madona, ao escultor que despedace a sua estátua de mulher.

Louca, pobre louca que sois! credes que um homem havia de encarnar um pensamento em sua alma, viver desse cancro, embeber-se da vitalidade da dor, para depois rasgá-lo do seio? Credes que ele consentiria que se lhe pisasse no coração, que lhe arrancassem – a ele poeta e amante da coroa de ilusões – as flores uma por uma? que pela noite da desgraça, a seu amor insano de mãe lhe sufocassem sobre o seio a criatura de seu sangue, o filho de sua vida, a esperança de suas esperanças?

– Oh! e não tereis vós também dó de mim? Não sabeis-lo? isto é infame! sou uma pobre mulher. De joelhos eu vos peço perdão se vos ofendi... Eu vo-lo peço, deixai-me! que importam vossos sonhos, vosso amor!

Doía-me profundamente aquela dor: aquelas lágrimas me queimavam. Mas minha vontade fez-se rija e férrea como a fatalidade.

– Que te importam meus sonhos, que te importam meus amores? Sim, tens razão! Que importa à água do deserto, à gazela do areal que o Árabe tenha sede ou que o leão tenha fome? Mas a sede e a fome são fatais. O amor é como eles: – entendes-me agora?

– Matai-me então! Não tereis um punhal! Uma punhalada pelo amor de Deus! Eu juro, eu vos abençoarei...

– Morrer! e pensas no morrer! Insensata! – Descer do leito morno do amor à pedra fria dos mortos! Nem sabes o que dizes. Sabes o que é essa palavra – morrer? É a dúvida que afana a existência: é a dúvida, o pressentimento que resfria a fronte do suicida, que lhe passa nos cabelos como um vento de inverno, e nos empalidece a cabeça como Hamlet! Morrer! é a cessação de todos os sonhos, de todas as palpitações do peito, de todas as esperanças! É estar peito a peito com nossos antigos amores e não senti-los! Doida! é um noivado medonho o do verme: um lençol bem negro, o da mortalha! Não fales nisso; por que lembrar o coveiro junto ao leito da vida? Põe a mão no teu coração – bate e bate com força, como o feto nas entranhas de sua mãe. Há aí dentro muita vida ainda: muito amor por amor, muito fogo por viver! Oh! se tu quisesses amar-me!

Ela escondeu a cabeça nas mãos e soluçou.

– É impossível: eu não posso amar-vos!

Eu disse-lhe:

– Eleonora, ouve-me: deixo-te só; velarei contudo sobre ti daquela porta. Resolve-te: seja uma decisão firme sim, mas pensada. Lembra-te que hoje não poderás voltar ao mundo: o duque Maffio seria o primeiro que fugiria de ti: a torpeza do adultério senti-la-ia ele nas tuas faces; creria roçar na tua boca a umidade de um beijo de estranho. E ele te amaldiçoaria! Vê: além a maldição e o escárnio: a irrisão das outras mulheres, a zombaria vingativa daqueles que te amaram e que não amaste. Quando entrares, dir-se-á: ei-la! arrependeu-se! o marido – pobre dele! perdoou-a... As mães te esconderão suas filhas – as esposas honestas terão pejo de tocar-te... E aqui, Eleonora, aqui terás meu peito e meu amor – uma vida só para ti: um homem que só pensará em ti e sonhará sempre contigo; um homem cujo mundo serás tu, serão teus risos, teus olhares, teus amores: que se esquecerá de *ontem* e de *amanhã* para fazer como um Deus de ti a sua Eternidade. Pensa, Eleonora! se quisesses, partiríamos hoje: uma vida de venturas nos espera. Sou muito rico, bastante para adornar-te como uma rainha. Correremos a Europa, iremos ver a França com seu luxo, a Espanha, onde o clima convida ao amor, onde as tardes se embalsamam nos laranjais em flor, onde as campinas se aveludam e se matizam de mil flores – iremos à Itália, à tua pátria – e no teu céu azul, nas tuas noites límpidas, nos teus crepúsculos suavíssimos viver de novo ao sol meridional!... Se quiseres... senão seria horrível... não sei o que aconteceria: mas quem entrasse neste quarto levaria os pés ensopados de sangue...

Saí: duas horas depois voltei.

– Pensaste, Eleonora?

Ela não respondeu. Estava deitada com o rosto entre as mãos. À minha voz ergueu-se. Havia um papel molhado de suas lágrimas sobre o leito. Estendi a mão para tomá-lo – ela entregou-mo.

Eram uns versos meus. – Olhei para a mesa, minha carteira de viagens, que eu trouxera do carro, estava aberta, os papéis eram revoltos. Os versos eram estes.

Claudius tirou do bolso um papel amarelado e amarrotado: atirou-o na mesa. Johann leu:

Não me odeies, mulher, se no passado
Nódoa sombria desbotou-me a vida:
No vício ardente requeimando os lábios
E de tudo descri com fronte erguida.

A masc'ra de Don Juan queimou-me o rosto
Na fria palidez do libertino:
Desbotou-me esse olhar – e os lábios frios
Ousam de maldizer do meu destino.

Sim! longas noites no fervor do jogo
Esperdicei febril e macilento:
E votei o porvir ao Deus do acaso
E o amor profanei no esquecimento!

Murchei no escárnio as c'roas do poeta
Na ironia da glória e dos amores:
Aos vapores do vinho, à noite insano
Debrucei-me do jogo nos fervores!

A flor da mocidade profanei-a
Entre as águas lodosas do passado...
No crânio a febre, a palidez nas faces
Só cria no sepulcro sossegado!

E asas límpidas do anjo em colo impuro
Mareei – nos bafos da mulher vendida:
Inda nos lábios me roxeia o selo
Dos ósculos da perdida.

E a mirra das canções nem mais vapora
Em profunda taça eivada e negra:
Mar de lodo passou-me ao rio d'alma
As níveas flores me estalou das bordas.

Sonho de glórias só me passa a furto
Qual flor aberta a medo em chão de tumbas
– Abatida e sem cheiro...

O meu amor... o peito o silencia:
Guardo-o bem fundo – em sombras do sacrário,
Onde ervaçal não se abastou nos ermos.
Meu amor... foi visão de roupas brancas
Da orgia à porta, fria e soluçando:
Lâmpada santa erguida em leito infame:
Vaso templário da taverna à mesa:
Estrela d'alva refletindo pálida
No tremedal do crime.

Como o leproso das cidades velhas
Sei me fugiras com horror aos beijos:
Sei, no doido viver dos loucos anos
As crianças desflorei em negra insânia:
– Vestal, prostituí as formas virgens
– Lancei eu próprio ao mar da c'roa as folhas,
– Troquei a rósea túnica da infância
Pelo manto das orgias.

Oh! não me ames sequer! Pois bem! um dia
Talvez diga o Senhor ao podre Lázaro:
Ergue-te – aí do lupanar da morte,
Revive ao fresco do viver mais puro!
E viverei de novo: a mariposa
Sacode as asas, estremece-as, brilha,
Despindo a negra tez, a baba imunda
Da larva desbotada.

Então, mulher – acordarei: do lodo,
Onde Satã se pernoitou comigo,
Onde inda morno perfumou seu molde
Cetinosa nuez de formas níveas.
E a loira meretriz nos seios brancos
Deitou-me a fronte lívida, na insônia
Quedou-me a febre da volúpia à sede
Sobre os beijos vendidos.

E então acordarei ao sol mais puro,
Cheirosa a fronte às auras da esperança:
Lavarei-me da fé nas águas d'ouro
De Madalena em lágrimas – e ao anjo
Talvez que Deus me dê, curvado e mudo,
Nos eflúvios do amor libar um beijo,
Morrer nos lábios dele!

Ela calou-se: chorava e gemia.

Acerquei-me dela: ajoelhei-me como ante Deus.

– Eleonora – sim ou não?

Ela voltou o rosto para o outro lado, quis falar – interrompia-se a cada sílaba.

– Esperai, deixai que ore um pouco: a Madona talvez me perdoe.

Esperava eu sempre. – Ela ajoelhou-se.

Agora... disse ela erguendo-se e estendendo-me a sua mão.

– Então?

– Irei contigo.

E desmaiou.

....

....

Aqui parou a história de Claudius Hermann.

Ele abaixou a cabeça na mesa, não falou mais.

– Dormes, Claudius? Por Deus! ou está bêbado ou morto!

Era Archibald que o interpelava: sacudia-o a toda a força.

Claudius levantou um pouco a cabeça, estava macilento: tinha os olhos fundos numa sombra negra.

– Deixai-me, amaldiçoados! deixai-me pelo céu ou pelo inferno! Não vedes que tenho sono – sono e muito sono?

– E a história, a história? bradou Solfieri.

– E a duquesa Eleonora? perguntou Archibald.

– É verdade... a história. Parece-me que olvidei tudo isso. Parece que foi um sonho!

– E a Duquesa?

– A Duquesa?... Parece-me que ouvi esse nome alguma vez... Com os diabos, que me importa?

Aí quis prosseguir: mas uma força invencível o prendia.

– A Duquesa... é verdade! Mas como esqueci tudo isso que não me alembro!... Tirai-me da cabeça esse peso... Bofé que encheram-me o crânio de chumbo derretido!... e ele batia na cabeça macilenta como um médico no peito do agonizante para encontrar um eco de vida.

– Então?

– Ah! ah! ah! gargalhou alguém que tinha ficado estranho à conversa.

– Arnold! cala-te!

– Cala-te antes, Solfieri! eu contarei o fim da história.

Era Arnold – o loiro, que acordava.

– Escutai vós todos, disse. – Um dia Claudius entrou em casa. Encontrou o leito ensopado de sangue: e num recanto escuro da alcova um doido abraçado com um cadáver. O cadáver era o de Eleonora: o doido nem o pudéreis conhecer tanto a agonia o desfigurara. Era uma cabeça hirta e desgrenhada, uma tez esverdeada, uns olhos fundos e baços onde o lume da insânia cintilava a furto como a emanação luminosa dos pauis entre as trevas...

Mas ele o conheceu... era o Duque Maffio...

Claudius soltou uma gargalhada. – Era sombria como a insânia – fria como a espada do anjo das trevas. Caiu ao chão: lívido e suarento como a agonia: inteiriçado como a morte...

Estava ébrio como o defunto patriarca Noé, o primeiro amante da vinha, virgem desconhecida até então, e hoje prostituta de todas as bocas... ébrio como Noé, o primeiro borracho de que reza a história! Dormia pesado e fundo como o apóstolo S. Pedro no Horto das Oliveiras... O caso é que ambos tinham ceado à noite...

Arnold estendeu a capa no chão, e deitouse sobre ela.

Daí a alguns instantes os seus roncos de barítono se mesclavam ao magno concerto dos roncos dos dormidos...

VI
JOHANN

Pour quoi? c'est que mon coeur au milieu des délices
D'un souvenir jaloux constamment oppressé
Froid au bonheur présent va chercher ses supplices
Dans l'avenir et le passé
ALEX. DUMAS.

– Agora a minha vez! Quero lançar também uma moeda em vossa urna: é o cobre azinhavrado do mendigo: pobre esmola por certo!

Era em Paris, num bilhar. Não sei se o fogo do jogo me arrebatara, ou se o *kirsch* e o curaçau me queimaram demais as idéias... Jogava contra mim um moço: chamava-se Artur.

Era uma figura loira e mimosa como a de uma donzela. Rosa infantil lhe avermelhava as faces, mas era uma rosa de cor desfeita. Leve buço lhe sombreava o lábio, e pelo oval do rosto uma penugem dourada lhe assomava como a felpa que rebuça o pêssego.

Faltava um ponto a meu adversário para ganhar. A mim, faltavam-me não sei quantos: sei só que eram muitos e pois requeria-se um grande sangue-frio, e muito esmero no jogar.

Soltei a bola. Nessa ocasião o brilhar estremeceu... O moço loiro, voluntariamente ou não, se encostara ao bilhar... A bola desviou-se, mudou de rumo: com o desvio dela perdi... A raiva levou-me de vencida. Adiantei-me para ele. A meu olhar ardente o mancebo sacudiu os cabelos loiros e sorriu como d'escárnio.

Era demais! Caminhei para ele: ressoou uma bofetada. O moço convulso caminhou para mim com um punhal, mas nossos amigos nos sustiveram.

– Isso é briga de marujo. O duelo, eis a luta dos homens de brio.

O moço rasgou nos dentes uma luva, e atirou-ma à cara. Era insulto por insulto, lodo por lodo: tinha de ser sangue por sangue.

Meia hora depois tomei-lhe a mão com sangue-frio e disse-lhe no ouvido:

– Vossas armas, senhor?

– Sabê-las-eis no lugar.

– Vossas testemunhas?

– A noite e minhas armas.

– A hora?

– Já.

– O lugar?

– Vireis comigo... Onde pararmos aí será o lugar...

– Bem, muito bem: estou pronto, vamos.

Dei-lhe o braço e saímos. Ao ver-nos tão frios a conversar creram uma satisfação. Um dos assistentes contudo entendeu-nos.

Chegou a nós e disse:

– Senhores, não há pois meio de conciliar-vos?

Nós sorrimos ambos.

– É uma criançada, tornou ele.

Nós não respondemos.

– Se precisardes de uma testemunha, estou pronto.

Nós nos curvamos ambos.

Ele entendeu-nos: viu que a vontade era firme: afastou-se.

Nós saímos.

....

Um hotel estava aberto. O moço levou-me para dentro.

– Moro aqui, entrai, disse-me.

Entramos.

– Senhor, disse ele, não há meio de paz entre nós: um bofetão e uma luva atirada às faces de um homem são nódoas que só o sangue lava. É pois um duelo de morte.

– De morte, repeti como um eco.

– Pois bem: tenho no mundo só duas pessoas – minha mãe e... Esperai um pouco.

O moço pediu papel, pena e tinta. Escreveu: as linhas eram poucas. Acabando a carta deu-ma a ler.

– Vede – não é uma traição, disse.

– Artur, creio em vós: não quero ler esse papel.

Repeli o papel. Artur fechou a carta, selou o lacre com um anel que trazia no dedo. Ao ver o anel uma lágrima correu-lhe na face e caiu sobre a carta.

– Senhor, sois um homem de honra? Se eu morrer, tomai esse anel: no meu bolso achareis uma carta: entregareis tudo a... Depois dir-vos-ei a quem...

– Estais pronto? perguntei.

– Ainda não! antes de um de nós morrer é justo que brinde o moribundo ao último crepúsculo da vida. Não sejamos Abissínios: demais o sol no cinábrio do poente ainda é belo.

O vinho do Reno correu em águas d'ouro nas taças de cristal verde. O moço ergueu-se.

– Senhor, permiti que eu faça uma saúde convosco.

– A quem?

– É um mistério – é uma mulher, e o nome daquela que se apertou uma vez nos lábios, a quem se ama, é um segredo. Não a fareis?

– Seja como quiserdes, disse eu.

Batemos os copos. O moço chegou à janela. Derramou algumas gotas de vinho do Reno à noite. Bebemos.

– Um de nós fez a sua última saúde, disse ele. Boa noite para um de nós... bom leito, e sonos sossegados para o filho da terra!

Foi a uma secretária, abriu-a: tirou duas pistolas.

– Isto é mais breve, disse ele. Pela espada é mais longa a agonia. Uma delas está carregada, a outra não. Tirá-las-emos à sorte. Atiraremos à queima-roupa.

– É um assassinato...

– Não dissemos que era um duelo de morte, que um de nós devia morrer?

– Tendes razão. Mas dizei-me: onde iremos?

– Vinde comigo. Na primeira esquina deserta dos arrabaldes. Qualquer canto de rua é bastante sombrio para dois homens dos quais um tem de matar o outro.

À meia-noite estávamos fora da cidade. Ele pôs as duas pistolas no chão.

– Escolhei, mas sem tocá-las.

Escolhi.

– Agora vamos, disse eu.

– Esperai, tenho um pressentimento frio: e uma voz suspirosa me geme no peito. Quero rezar... é uma saudade por minha mãe.

Ajoelhou-se. À vista daquele moço de joelhos – talvez sobre um túmulo – lembrei-me que eu também tinha mãe e uma irmã... e que eu as esquecia. Quanto a amantes, meus amores eram como a sede dos cães das ruas, saciavamse na água ou na lama... Eu só amara mulheres perdidas.

– É tempo, disse ele.

Caminhamos frente a frente. As pistolas se encostaram nos peitos – As espoletas estalaram: um tiro só estrondou, ele caiu morto...

– Tomai, murmurou o moribundo e acenava-me para o bolso.

Atirei-me a ele. Estava afogado em sangue. Estrebuchou três vezes e ficou frio. Tirei-lhe o anel da mão – Meti-lhe a mão no bolso como ele dissera. Achei dois bilhetes.

A noite era escura: não pude lê-los.

Voltei à cidade. À luz baça do primeiro lampião vi os dois bilhetes. O primeiro era a carta para sua mãe. O outro estava aberto: li.

"À uma hora da noite na rua de.......
"nº 60, 1º andar: acharás a porta aberta.
Tua *G.*".

Não tinha outra assinatura.

Eu não soube o que pensar. Tive uma idéia: era uma infâmia.

Fui à entrevista. Era no escuro. Tinha no dedo o anel que trouxera do morto... Senti uma mãozinha acetinada tomar-me pela mão, subi. A porta fechou-se.

Foi uma noite deliciosa! A amante do loiro – era virgem! Pobre Romeu! Pobre Julieta! Parece que essas duas crianças levavam a noite em beijos infantis e em sonhos puros!

(Johann encheu o copo: bebeu-o, mas estremeceu.)

Quando eu ia sair, topei um vulto à porta.

– Boa noite, cavalheiro, eu vos esperava há muito.

Essa voz pareceu-me conhecida. Porém eu tinha a cabeça desvairada...

Não respondi: o caso era singular. Continuei a descer: o vulto acompanhou-me. Quando chegamos à porta vi luzir a folha de uma faca. Fiz um movimento e a lâmina resvalou-me no ombro. A luta fez-se terrível na escuridão. Eram dois homens que se não conheciam; que não pensavam talvez terem-se visto um dia à luz, e que não haviam mais ver-se porventura ambos vivos.

O punhal escapou-lhe das mãos, perdeu-se no escuro: subjuguei-o. Era um quadro infernal, um homem na escuridão abafando a boca do outro com a mão, sufocando-lhe a garganta com o joelho, e a outra mão a tatear na sombra procurando um ferro.

Nessa ocasião senti uma dor horrível: frio e dor me correram pela mão. O homem morrera sufocado, e na agonia me enterrara os dentes pela carne. Foi a custo que desprendi a mão sanguenta e descarnada da boca do cadáver. Ergui-me.

Ao sair tropecei num objeto sonoro. Abaixei-me para ver o que era. Era uma lanterna furta-fogo. Quis ver quem era o homem. Ergui a lâmpada...

O último clarão dela banhou a cabeça do defunto... e apagou-se...

Eu não podia crer: era um sonho fantástico toda aquela noite. Arrastei o cadáver pelos ombros... levei-o pela laje da calçada até ao lampião da rua, levantei-lhe os cabelos ensangüentados do rosto... (um espasmo de medo contraiu horrivelmente a face do narrador – tomou o copo, foi beber: os dentes lhe batiam como de frio: o copo estalou-lhe nos lábios).

Aquele homem – sabeis-lo! era do sangue do meu sangue – era filho das entranhas de minha mãe como eu – era meu irmão: uma idéia passou ante meus olhos como um anátema. Subi ansioso ao sobrado. Entrei. A moça desmaiara de susto ouvindo a luta. Tinha a face fria como o mármore. Os seios nus e virgens estavam parados e gélidos como os de uma estátua... A forma de neve eu a sentia meia nua entre os vestidos desfeitos, onde a infância asselara a nódoa de uma flor perdida.

Abri a janela – levei-a até aí...

Na verdade que sou um maldito! Olá, Archibald, dai-me um outro copo, enchei-o de *conhaque*, enchei-o até a borda! Vedes: sinto frio, muito frio: tremo de calafrios e o suor me corre nas faces! Quero o fogo dos espíritos! a ardência do cérebro ao vapor que tonteia... quero esquecer!

– Que tens, Johann? tiritas como um velho centenário!

– O que tenho? o que tenho? Não o vedes pois? Era minha irmã! ....

VII
ÚLTIMO BEIJO DE AMOR

Well Juliet! I shall lie with thee to night!
SHAKESPEARE, *Romeu.*

A noite ia alta: a orgia findara. Os convivas dormiam repletos, nas trevas.

Uma luz raiou súbito pelas fisgas da porta. A porta abriu-se. Entrou uma mulher vestida de negro. Era pálida, e a luz de uma lanterna, que trazia erguida na mão, se derramava macilenta nas faces dela e dava-lhe um brilho singular aos olhos. Talvez que um dia fosse uma beleza típica, uma dessas imagens que fazem descorar de volúpia nos sonhos de mancebo. Mas agora com sua tez lívida, seus olhos acesos, seus labios roxos, suas mãos de mármore, e a roupagem escura e gotejante da chuva, disséreis antes – o anjo perdido da loucura.

A mulher curvou-se: com a lanterna na mão procurava uma por uma entre essas faces dormidas um rosto conhecido.

Quando a luz bateu em Arnold, ajoelhou-se. Quis dar-lhe um beijo – alongou os lábios... Mas uma idéia a susteve. Ergueu-se. Quando chegou a Johann, que dormia, um riso embranqueceu-lhe os beiços: o olhar tornou-se-lhe sombrio.

Abaixou-se junto dele: depôs a lâmpada no chão. O lume baço da lanterna dando nas roupas dela espelhava sombra sobre Johann. A fronte da mulher pendeu – e sua mão pousou na garganta dele. – Um soluço rouco e sufocado ofegou daí. A desconhecida levantou-se. Tremia, e ao segurar na lanterna ressoou-lhe na mão um ferro... Era um punhal... Atirou-o ao chão. Viu que tinha as mãos vermelhas – enxugou-as nos longos cabelos de Johann...

Voltou a Arnold; sacudiu-o.

– Acorda e levanta-te!

– Que me queres?

– Olha-me: não me conheces?

– Tu! e não é um sonho? És tu! oh! deixa que eu te aperte ainda! Cinco anos sem ver-te! Cinco anos! E como mudaste!

– Sim: já não sou bela como há cinco anos! É verdade, meu loiro amante! É que a flor de beleza é como todas as flores. Alentai-as ao orvalho da virgindade, ao vento da pureza – e serão belas. – Revolvei-as no lodo – e como os frutos que caem, mergulham nas águas do mar, cobrem-se de um invólucro impuro e salobro! Outrora era Giorgia, a virgem: mas hoje é Giorgia, a prostituta!

– Meu Deus! meu Deus!

E o moço sumiu a fronte nas mãos.

– Não me amaldiçoes, não!

– Oh! deixa que me lembre; estes cinco anos que passaram foram um sonho. Aquele homem do bilhar, o duelo à queima-roupa, meu acordar num hospital, essa vida devassa onde me lançou a desesperação, isto é um sonho? Oh! lembremo-nos do passado! Quando o inverno escurece o céu, cerremos os olhos; pobres andorinhas moribundas, lembremo-nos da primavera!...

– Tuas palavras me doem... É um adeus, é um beijo de adeus e separação que venho pedir-te; na terra nosso leito seria impuro, o mundo manchou nossos corpos. O amor do libertino e da prostituta! Satã riria de nós. É no céu, quando o túmulo nos lavar em seu banho, que se levantará nossa manhã do amor...

– Oh! ver-te e para deixar-te ainda uma vez! E não pensaste, Giorgia, que me fora melhor ter morrido devorado pelos cães na rua deserta, onde me levantaram cheio de sangue? Que fora-te melhor assassinar-me no dormir do ébrio, do que apontar-me a estrela errante da ventura e apagar-me a do céu? Não pensaste que, após cinco anos, cinco anos de febre e de insônias, de esperar e desesperar, de vida por ti, de saudades e agonia, fora o inferno ver-te para deixar-te?

– Compaixão, Arnold! É preciso que esse adeus seja longo como a vida. Vês, minha sina é negra: nas minhas lembranças há uma nódoa torpe... Hoje! é o leito venal... Amanhã!... só espero no leito do túmulo! Arnold! Arnold!

– Não me chames Arnold! chama-me Artur como dantes. Artur! não ouves? Chama-me assim! Há tanto tempo que não ouço me chamarem por esse nome!... Eu era um louco! quis afogar meus pensamentos, e vaguei pelas cidades e pelas montanhas deixando em toda a parte lágrimas – nas cavernas solitárias, nos campos silenciosos, e nas mesas molhadas de vinho! Vem, Giorgia! senta-te aqui, senta-te nos meus joelhos – bem conchegada a meu coração... tua cabeça no meu ombro! Vem! um beijo! Quero sentir ainda uma vez o perfume que respirava outrora nos teus lábios. – Respire-o eu e morra depois!... Cinco anos! oh! tanto tempo a esperar-te, a desejar uma hora no teu seio!... Depois... escuta... tenho tanto a dizer-te! tantas lágrimas a derramar no teu colo! Vem! e dir-te-ei toda a minha história! minhas ilusões de amante e as noites malditas da crápula, e o tédio que me inspiravam aqueles beiços frios das vendidas que me beijavam! Vem! contar-te-ei tudo isto: dir-te-ei como profanei minh'alma, e meu passado: e choraremos juntos – e nossas lágrimas nos lavarão como a chuva lava as folhas do lodo!

– Obrigada, Artur! obrigada!

A mulher sufocava-se nas lágrimas, e o mancebo murmurava entre beijos palavras de amor.

– Escuta, Artur, eu vinha só dizer-te – adeus! – da borda do meu túmulo: e depois contente fecharia eu mesma a porta dele... Artur, eu vou morrer!

Ambos choravam.

– Agora vê, continuou ela. Acompanha-me: vês aquele homem?

Arnold tomou a lanterna.

– Johann! morto! sangue de Deus! quem o matou?

– Giorgia. Era ele um infame. Foi ele quem deixou por morto um mancebo a quem esbofeteara numa casa de jogo. Giorgia a prostituta vingou nele Giorgia, a virgem. Esse homem foi quem a desonrou! desonrou-a, a ela que era sua irmã!

– Horror! horror!

E o moço virou a cara e cobriu-a com as mãos.

A mulher ajoelhou-se a seus pés.

– E agora adeus! adeus que morro! Não vês que fico lívida, que meus olhos se empanam e tremo... e desfaleço?

– Não! eu não partirei. Se eu vivesse amanhã haveria uma lembrança horrível em meu passado...

– E não tens medo? Olha! é a morte que vem! é a vida que crepuscula em minha fronte. Não vês esse arrepio entre minhas sobrancelhas?...

– E que me importa o sonho da morte? Meu porvir amanhã seria terrível: e à cabeça apodrecida do cadáver não ressoam lembranças; seus lábios gruda-os a morte: a campa é silenciosa. Morrerei!

A mulher recuava... recuava. O moço tomou-a nos braços, pregou os lábios nos dela... Ela deu um grito, e caiu-lhe das mãos. Era horrível de ver-se. O moço tomou o punhal, fechou os olhos, apertou-o no peito, e caiu sobre ela. Dois gemidos sufocaram-se no estrondo do baque de um corpo...

A lâmpada apagou-se.

Impressão e acabamento
Cromosete
GRÁFICA E EDITORA LTDA.
Rua Uhland, 307 - Vila Ema
Cep: 03283-000 - São Paulo - SP
Tel/Fax: 011 6104-1176